全面预算绩效管理
"高校模式"

邰　源　　戴咏梅　　葛晓冬　编著

南京大学出版社

图书在版编目(CIP)数据

全面预算绩效管理"高校模式" / 邰源，戴咏梅，
葛晓冬编著.— 南京 ：南京大学出版社，2024.11
ISBN 978 - 7 - 305 - 27999 - 7

Ⅰ. ①全… Ⅱ. ①邰… ②戴… ③葛… Ⅲ. ①高等学
校－预算管理－研究－中国 Ⅳ. ①G647.5

中国国家版本馆 CIP 数据核字(2024)第 037348 号

出版发行　南京大学出版社
社　　　址　南京市汉口路 22 号　　　　　邮编　210093
书　　　名　**全面预算绩效管理"高校模式"**
　　　　　　QUANMIAN YUSUAN JIXIAO GUANLI "GAOXIAO MOSHI"
编　　　著　邰　源　戴咏梅　葛晓冬
责任编辑　束　悦
照　　　排　南京开卷文化传媒有限公司
印　　　刷　苏州市古得堡数码印刷有限公司
开　　　本　718 mm×1000 mm　1/16　印张 16.25　字数 216 千
版　　　次　2024 年 11 月第 1 版
印　　　次　2024 年 11 月第 1 次印刷
ISBN　978 - 7 - 305 - 27999 - 7
定　　　价　78.00 元

网　　　址:http://www.njupco.com
官方微博:http://weibo.com/njupco
微信服务号:njupress
销售咨询热线:(025)83594756

编 委 会

主 编:邰　源　戴咏梅　葛晓冬

编　委:冯　晴　李婷婷

　　　　林　悦　许　莹

前　言

　　回顾现代预算发展史,绩效预算一直是公共管理领域一项非常重要的课题。早在 20 世纪初,美国政府就引入了科学管理方法和经济准则,由此拉开了预算绩效管理的序幕。20 世纪中叶,预算绩效管理在西方国家逐渐兴盛,其中以美国和英国最具有代表性。20 世纪 90 年代,美国国家绩效评估委员会颁布的《政府绩效与结果法案》标志着强调结果导向的新绩效预算逐渐替代传统绩效预算,绩效改革应运而生。20 世纪 90 年代末,预算绩效管理理念传入我国。三十多年来,我国积极探索预算绩效管理理念,进行预算绩效管理改革,已经从传统的绩效评价管理体系转向全方位、全过程、全覆盖的全面预算绩效管理体系,着力提高财政资源配置效率和使用效益,为经济社会发展提供有力的保障和支撑。本书在第 3 章系统回顾了国内外预算绩效改革的发展历程、评价体系和管理体系,并介绍了美国联邦政府 PART 评级模式,梳理了自 1991 年以来我国政府发布的相关预算绩效管理政策文件,以期让读者全面、深入地了解预算绩效管理的全貌。

　　教育是民族振兴和社会进步的基石,高等教育是一个国家发展水平和发展潜力的重要标志。习近平总书记指出,"教育兴则国家兴,教育强则国家强",在以习近平同志为核心的党中央坚强领导下,我国教育各项事业实现长足发展,在提高质量、促进公平等方面成效显著,教育普及水平实现历史性跨越,人民群众获得感明显增强。今天,党和国家事业发展对高等教育的需要、对科学知识和优秀人才的需要,比以往任何时候都更为迫切。2018 年,教育部、财政部、国家发展和改革委员会联合发布《关于高等学校加快"双一流"建设的指导意见》,要求调动各种积极因素,在深化改革、服务需求、开放合作中加快发展,努力建成一批中国特色社会主义标杆大学,确保实现"双一流"建设总体方案确定的战略目标。随着第一个百年奋斗目标的实现,人民生活水平日益提高,与以往相比也更加重视教育,高校教育体制改革日益成为人们关注的焦点。党的二十大报告指出,教育是国之大计、党之大计。教育、科技、人才是全面建设社会主义现代化国家的基础性、战略性支撑。必须坚持科技是第一生产力、人才是第一资源、创新是第一动力,深入实施科教兴国战略、人才强国战略、创新驱动发展战略,开辟发展新领域新赛道,不断塑造发展新动能新优势。21 世纪,国际竞争日趋激烈,新一轮科技革命和产业革命可能引发社会前所未有的深刻变革,为顺应世界发展大势,回应现实存在的各种矛盾和挑战,高等教育应当变革。

高等教育体制的改革和探索离不开资金的支持,因此,高校财务的管理水平对深化高等教育体制改革具有重要影响,国务院等相关部门也出台了相关政策文件对高校预算管理做出指导。2010 年,中共中央和国务院印发《国家中长期教育改革和发展规划纲要(2010—2020 年)》,要求在保障经费投入的同时,加强经费管理,建立经费使用绩效评价制度,建立并不断完善教育经费基础信息库,提升经费管理信息化水平,提高资源配置水平,坚持勤俭办学,建设节约型学校。2015 年 10 月国务院发布《统筹推进世界一流大学和一流学科建设总体方案》,明确要求"构建完善中国特色的世界一流大学和一流学科评价体系,充分激发高校内生动力和发展活力,引导高等学校不断提升办学水平"。2016 年教育部出台《教育部直属高校经济活动内部控制指南(试行)》,指出"高校应当加强预算绩效管理,建立'预算编制有目标、预算执行有监控、预算完成有评价、评价结果有反馈、反馈结果有应用'的全过程预算绩效管理机制"。2017 年,财政部联合教育部发布《中央高校建设世界一流大学(学科)和特色发展引导专项资金管理办法》,对建设一流大学(学科)和特色发展资金管理做出指导,要求高校以学科为基础,制定科学合理的绩效评价办法。党的十九大报告提出:"加快一流大学和一流学科建设,实现高等教育内涵式发展","建立全面规范透明、标准科学、约束有力的预算制度,全面实施绩效管理",将绩效管理推至前所未有的新高度。2018 年财政部联合教育部发布《关于下达 2018 年"支持地方高校改革发展资金"预算的通知》,要求各省做好绩效监控,确保年度绩效目标如期实现,加强了对资金使用过程的监管和资金使用结果的审核与把关。2019 年教育部发布《教育部关于全面实施预算绩效管理的意见》,要求实施整体预算绩效管理,并积极展开整体绩效评价。2022 年 1 月,《教育部、财政部、国家发展改革委关于深入推进世界一流大学和一流学科建设的若干意见》指出,要创新经费管理,按五年建设周期进行执行情况考核和绩效考评。2022 年 10 月,习近平总书记在党的二十大报告中强调,要"健全现代预算制度","深化财政科技经费分配使用机制改革,激发创新活力"。由此可见,我国高度重视并出台了一系列政策来规范高校经费管理,研究高校预算绩效管理体系对于推动大学发展、促进国家全面繁荣具有重要意义。高校预算管理是高校管理的重要组成部分,为高校各项工作的开展提供必要的支撑。高校只有将战略、计划、预算和绩效四位一体统筹规划,才能有效提高资金效益,推动高校可持续发展、内涵式发展和高质量发展,加快建设"双一流"高校的进程,推进治理体系和治理能力现代化。

构建资源投入和成果产出的综合绩效评价体系是本书的核心内容,也是主要创新点。无论是国家和社会发展还是高校办学,若仅要求投入不考虑产出,难免会出现资源浪费、分配不均等情况;仅要求产出不考虑投入，又会产生发展失衡、效率低下等情况。2020年，教育部、财政部和国家发展改革委制定了《"双一流"建设成效评价办法(试行)》，确立了"双一流"建设成效评价六大方面，即人才培养评价、教师队伍建设评价、科学研究评价、社会服务评价、文化传承创新评价和国际交流合作评价，对大学整体建设评价做出指导。本书主要着眼于高校管理过程和社会功能的实现，因此，本书将教师队伍建设评价指标分散在人才培养指标和科学研究评价指标中综合考虑。从绩效评价的发展实际看，绩效评价在我国仍处于起步阶段，尚未形成标准的评价体系，不同高校之间个体差异较大，因此，设定大的框架体系，再结合各校实际情况进行微调是预算绩效评价的必然选择。本书第5~10章针对全面预算绩效管理流程、人才培养、科学研究、社会服务、文化传承与创新和国际交流合作六个维度构建了综合绩效评价指标，并在第11章以N高校为例，进行全面预算绩效管理"高校模式"的实践探索，结合专家评价法和模糊综合评价法对其绩效管理体系进行评价，最终得到N高校总体绩效情况良好的结果。

目前我国高校积极进行预算绩效管理改革，取得了稳步发展，但高校预算绩效管理仍然存在一些问题，比如全面预算绩效管理重视不足、预算编制较为粗糙、预算与实际执行偏差较大、预算执行不到位、绩效评价模式单一、预算绩效考核工作尚未有效落实等等。针对以上问题，结合N高校案例分析实践，本书在最后提出了相关建议，即紧跟预算一体化的改革思路和节奏、建立统一的业财数据标准和数据库、建立以绩效为导向的预算配置管理、建立第三方评价机制、通过奖惩机制强化评价结果应用、推进财会监督与全面预算绩效管理融合，希望可以为国内外其他高校预算绩效管理体系改革做出参考。

我国高校预算管理实践正处于高速发展阶段，与其相关的理论也在不断完善，加上作者水平有限，书中难免出现各类缺点和错误，敬请读者批评指正！当然，文责自负。

目　录

第1章 绪 论

1.1 高校预算绩效管理至关重要

从计划经济时期到改革开放以来,财政管理在我国经济社会发展中扮演的角色逐渐改变。计划经济时期,我国经济社会发展的核心机制是政府统一规划,财政是保障计划准确落实的一个环节,随着改革开放的步伐加快,我国经济体制有所变迁,相应地,财政运行机制也在不断发展。在预算绩效管理改革进程中,中央陆续发布了一些政策文件,以指导地方政府和各部门。在贯彻中央要求的过程中,各地区还结合自身实际发布了一系列实施细则(详见第3章),为预算绩效管理走向深入夯实了基础。2013年11月,党的十八届三中全会指出"财政是国家治理的基础和重要支柱,科学的财税体制是优化资源配置、维护市场统一、促进社会公平、实现国家长治久安的制度保障。必须完善立法、明确事权、改革税制、稳定税负、透明预算、提高效率,建立现代财政制度,发挥中央和地方两个积极性",进一步强调了财政管理对我国经济社会发展的重要性。在党和政府的领导下,经过十多年来的酝酿和探索,特别是2011年以来在有关部门的大力推动下,我国预算绩效管理工作取得显著进展。

预算绩效管理在全面预算管理中发挥着至关重要的作用。从小处看,预算绩效管理有助于监控预算使用情况,高效配置预算资源;从大处看,预算绩效管理关系着现代化财政体系的建设。高校的建设离不开资金,预算管理是学校财务管理的重要组成部分,贯穿于预算资金筹集、分配和使用的全过程,对学校的事业发展具有深远影响。随着高等学校改革的不断深化,高校经费收支规模快速增长,但收支平衡程度却在逐年下降,资金供求矛盾日益突出。如何树立以效益为中心的财务管理思想,优化学校资源配置,建立科学、合理、高效的预算绩效管理模式,对推进学校稳定、协调、快速发展具有重要意义。[①]

1.2   研究高校全面预算绩效管理的必要性

本书旨在通过对国内外相关文献和案例的梳理研究,归纳推理西方国家进行预算绩效管理改革的主要措施和发展脉络,为我国高校预算绩效管理改革提供借鉴。具体来看,预算绩效管理始于 20 世纪初,一些西方国家最早开始探索,因此,本书首先明确了预算绩效管理的相关概念和理论基础,系统性回顾了国外绩效预算改革发展历程、评价体系和管理体系,重点梳理了美国、英国和澳大利亚的绩效预算改革阶段,并介绍了美国联邦政府项目评级工具 PART 的实施步骤,以期为我国预算绩效管理改革提供借鉴。此外,本书还介绍了国内高校预算绩效改革的三个阶段,即全面预算管理起步阶段、发展阶段和我国预算绩效管理新时代,重点介绍了常见的绩效评价方法,比如"3E"评价法、标杆管理法、平衡计分卡法、关键指标法、层次分析法、模糊综合评价法和 TOPSIS 法,以使读者对

① 李淑宁,聂保清,胡周娥.以绩效为目标,加强高校预算管理[J].教育财会研究,2005(04):27-30.

我国预算绩效管理的发展路径和管理评价有初步的认识，也为后文 N 高校预算绩效评价打下基础。

其次，本书结合政策要求和 N 高校绩效管理实践，希望建立高校预算绩效管理评价指标和评价体系，以期为其他同类型组织提供借鉴和参考。

最后，本书对 N 高校绩效管理结果进行评价，希望对其后续管理实践提供指导。

本书兼具一定的理论意义与现实意义。理论层面上，本书整理了国内外有关于预算绩效管理的相关文献，梳理了国内外预算绩效管理改革的发展脉络，丰富了预算绩效管理改革领域中西方国家的经验。同时，本书聚焦高校全面预算绩效管理改革，丰富了该领域的研究内容，结合政策要求和 N 高校绩效管理实践，就大学整体建设评价的预算绩效管理流程、人才培养、科学研究、社会服务、文化传承创新和国际交流合作六个方面构建评价体系，以期对构建高校绩效管理评价模型做出贡献。

现实层面上，首先，本书以"双一流"高校建设为背景，选取 N 大学作为研究对象，分析其预算管理改革脉络、现状和存在的问题，并从人才培养、科学研究、社会服务、文化传承与创新、国际交流合作方面探索了高校预算绩效管理改革创新的内容，丰富了高校预算绩效管理改革领域的案例，为其他学者研究高校预算绩效管理改革提供了现实素材。其次，研究成果有利于财政部、教育部等结合我国高校预算绩效管理改革现状制定相关政策，从而促进我国高校开展全面预算绩效管理改革。最后，由于高校具有公共部门性质，本书研究成果同样为我国公共管理部门预算绩效的改革提供了借鉴意义。

1.3　相关概念

1.3.1　财会监督

1. 财会监督的含义和背景

财会监督是依法依规对国家机关、企事业单位、其他组织和个人的财政、财务、会计活动实施的监督[①]，是财政、财务、会计活动依法合规的重要保障。从概念上来看，财会监督具有监督对象广泛、监督内容丰富、监督范围全面的特点。新时代财会监督不是传统意义上的财政监督、财务监督和会计监督的简单加总，而是三者的有机融合和凝练升华，是涵盖了财政、财务、会计监督在内的全覆盖的一种监督行为。

作为党和国家监督体系的重要组成部分，财会监督在推进全面从严治党、维护中央政令畅通、规范财经秩序、促进经济社会健康发展等方面发挥了重要作用。一百年来，中国共产党带领全国人民走过了新民主主义革命时期、社会主义革命和建设时期、改革开放新时期以及中国特色社会主义新时代四个历史阶段，我国财政事业也实现了从战时财政、建设财政、公共财政到现代财政制度的历史变迁，相应地，财会监督也经历了思想萌芽、初具雏形、全面推进和逐步覆盖四个发展阶段。

（1）新民主主义革命时期财会监督思想的萌芽

自中国共产党成立至土地革命战争时期，中国共产党还未建立统一的财政管理体系，党的财会监督工作主要服务于工人运动，用于保证

---

① 《关于进一步加强财会监督工作的意见》（中办发〔2023〕4 号）.

各类财政制度的有效执行。抗日战争时期,中央苏维埃政府颁布了《中华苏维埃共和国暂行财政条例》,要求建立健全各级财政机构、统一财政制度、严格财政纪律。这一时期中央财政部内设审计处,建立了检查工作制度和巡视制度,极大地促进了对贪污腐败现象的揭露和对财政浪费行为的遏制。全国解放战争时期,中央政府多次发文要求惩治贪污腐化行为,严惩违反经济政策的犯罪分子。这一时期的财会监督既有效封堵了财政浪费与贪污腐败的源头,又充分利用了有限的财政资金,保障了解放战争的胜利,对于巩固解放区经济建设、制度建设与党风廉政建设具有重大意义。

(2)社会主义革命和建设时期财会监督体系初具雏形

1949年10月至改革开放初期,财会监督经历了从在革命根据地设立监管机构到设立财政检查(监察)机构,再到确立社会主义审计制度的变迁过程。1954年12月,财政部召开全国财政监察工作会议,对各大行政区撤销后的财政监督工作提出了新的要求,从中央到地方普遍设置了财政监督机构。但在1958—1960年间,全国各级监察部门相继取消,出现了财政管理偏松、财经纪律松弛的现象,对经济建设产生了负面影响。1962年4月,国务院出台了《关于严格控制财政管理的决定》,明确要求加强财政监督,财政监察机构得以恢复。20世纪60年代,中央企业实行财政驻厂员制度,这一时期财会监督的主要职责还是审计监督,不过现代财会监督体系已初具雏形。

(3)改革开放时期财会监督工作全面深入推进

十一届三中全会后,强化财会监督成为财政改革的重要内容。国家预算作为最基本的经济活动,成为财会监督关注的重点对象。国企在"放权让利"改革后,拥有了一定程度的自主经营权和经济利益,会计监督的要求也随之产生。这一时期财会监督法规建设也有了突破性进展,我国先后颁布了《企业会计准则——基本准则》《企业会计制度》《企业会计准则》《企业内部控制基本规范》等一系列法规文件,修订后的《会计法》《证券法》从法律层面为财会监督工作提供了坚实的法律保障。同时,行政机关开始逐步内设专司财会监督的部门或机构。如:财政部设立的财政监察专员办(现财政部各地监管局)依法对国家机关、企事业单位等涉及中央财政收支、财务收支、国有权益及其他有关财政管理事项的真实性、合规性和效益性进行监控、检查、稽核、督促和反映;证监会设立的上市公司监管部和会计部,负责对资本市场相关主体的财会信息披露和注册会计师执业行为进行财会监督。

（4）新时代中国特色社会主义财会监督逐步实现全覆盖

新时代的财会监督以构建具有中国特色的社会主义现代化财会监督体系为理念,充分吸收借鉴了"可靠性、相关性、可比性、实质重于形式、可理解性、重要性、谨慎性、及时性"等财会领域的独特原则,逐步形成了覆盖全面、维度多样、重点突出的财会监督体系。财会监督之所以能够实现全覆盖,这是由财会监督的特殊性所决定的,其有别于其他监督的最大特征就是可以实现对微观经济活动尤其是资金活动的合法、合规监督,从而从根本上实现对各种行为监督的全覆盖,进而避免财税政策等宏观政策出现偏差。作为现代财政制度和财会管理体系重要组成部分的财会监督,已经实现对被监督主体、监督内容和监督过程的全覆盖。新时代财会监督的对象也就是被监督主体,逐步扩展到包含企事业单位、行政单位等全部市场主体;监督的内容涵盖现代经济体系出现的新业态、新模式,扩展到资金使用效益和财会人员职业能力等方面。从财会监督的过程来看,新时代财会监督也实现了对经济交易或事项的横向和纵向监督过程的全覆盖,横向上将监督重点环节由事前、事后监管拓展到事前、事中、事后全流程,实现事中监督的效用,纵向上实现从监督环境、监督评估、监督活动、监督沟通、监督反馈等环节的全覆盖[①]。

---

① 徐玉德.新时代财会监督论[J].财会月刊,2022(4):7-15.

2020 年 1 月 13 日,习近平总书记在党的十九届中央纪委四次全会上强调,要以党内监督为主导,推动人大监督、民主监督、行政监督、司法监督、审计监督、财会监督、统计监督、群众监督、舆论监督有机贯通、相互协调。2022 年 1 月 18 日,在十九届中央纪委六次全会上,习近平总书记强调,审计监督、财会监督、统计监督都是党和国家监督体系的重要部分,要提高政治站位,通过管好钱袋子、账本子,推动规范用权,及时校准纠偏,严肃财经纪律。2022 年 4 月 19 日,习近平总书记在中央全面深化改革委员会第二十五次会议上强调,要严肃财经纪律,维护财经秩序,健全财会监督机制。2023 年 2 月 8 日,中共中央办公厅、国务院办公厅发布《关于进一步加强财会监督工作的意见》(以下简称《意见》),明确了财会监督的工作目标和工作要求,要求进一步健全财会监督体系,完善财会监督工作机制,加大重点领域财会监督力度,更好发挥财会监督职能作用。随后,2 月 16 日,财政部召开全国财会监督工作会议,就学习宣传贯彻中共中央办公厅、国务院办公厅近日印发的《意见》进行动员部署。

2.《意见》的主要内容和重要意义

《意见》提出的主要目标为,到 2025 年,构建起财政部门主责监督、有关部门依责监督、各单位内部监督、相关中介机构执业监督、行业协会自律监督的财会监督体系;基本建立起各类监督主体横向协同,中央与地方纵向联动,财会监督与其他各类监督贯通协调的工作机制;财会监督法律制度更加健全,信息化水平明显提高,监督队伍素质不断提升,在规范财政财务管理、提高会计信息质量、维护财经纪律和市场经济秩序等方面发挥重要保障作用。为了实现以上目标,必须坚持党的领导,发挥政治优势;坚持依法监督,强化法治思维;坚持问题导向,分类精准施策;坚持协同联动,加强贯通协调。要进一步健全财会监督体系,包括加强党对财会监督工作的领导、依法履行财会监督主责、依照法定职责实施部门监督、进一步加强单位内部监督、发挥中介机构执业监督作用、强化行业协会自律监督作用。要完善财会监督工作机制,加强财会监督主体横向协同、强化中央与地方纵向联动、推动财会监督与其他各类监督贯通协调。要加大重点领域财会监督力度,保障党中央、国务院重大决策部署贯彻落实,强化财经纪律刚性约束,严厉打击财务会计违法违规行为。此外,还要辅以相应的保障措施,加强组织领导、推进财会监督法治建设、加强财会监督队伍建设、统筹推进财会监督信息化建设、提升财会监督工作成效、加强宣传引导,以保障目标实现。

《意见》的出台,对于加强财会监督工作具有重大意义,可概括为五个"进一步"①。进一步加强财会监督是贯彻落实习近平总书记关于财会监督重要论述精神、加强党对财会监督工作全面领导的具体行动;进一步加强财会监督是完善党和国家监督体系、推进国家治理体系和治理能力现代化的内在要求;进一步加强财会监督是深化全面从严治党、一体推进"三不腐"制度建设的重要举措;进一步加强财会监督是严肃财经纪律、维护市场经济秩序的重要抓手;进一步加强财会监督是充分发挥财政职能作用、健全现代预算制度的重要内容。

3. 财会监督和预算绩效管理

预算绩效管理是落实财会监督的重要手段与途径。预算绩效管理涉及目标管理、过程管理、结果管理等方面,具体内容有绩效目标管理、绩效运行监督管理、绩效评价管理和绩效结果反馈管理等,与财会监督密不可分,尤其是伴随着《意见》的出台,过程监督、财会监督被提到了新的高度,深刻学习领悟《意见》精神,有助于预算单位进行科学合理的预算绩效管理,对于合理配置资源、实现单位战略目标具有重要意义。在高校领域,

---

① 求是[J].2023(8).

财会监督是在传统财会监督的基础上,结合高等教育行业特点,对高等院校预算编制执行、会计核算、资金结算、收支决算、绩效评价、科研立结项等具体经济事项,进行全链条、全方位的监管和督查。监督范围涵盖了经济活动事前、事中、事后的全部过程,既包含对财会工作风险节点的静态监督,也包含从项目立项到经费验收等项目全生命周期的动态监督。[①]

不少学者针对我国财会监督体系进行了研究,集中在财会监督的发展历程、现阶段财会监督存在的问题、解决方案及建议等方面。莫蓉(2023)通过分析高校财会监督内涵及现状,认为高校财会监督存在财会监督意识淡薄,缺乏顶层设计、财会监督体系不健全,缺乏协同监督、财会监督方法单一,缺乏智能手段等问题,这些问题制约了学校教育事业的可持续发展,只有加强财会监督工作,才能保证高校落实立德树人根本任务,培养时代新人。新时代新形势背景下,高校财会监督须提高政治站位,顺应时代发展浪潮,紧抓改革转型主线,加大监督力度,转变监督职能,强化监督意识,夯实监督基础,完善监督机制,充分利用"大、智、移、云、物"等信息技术优势,积极推进高校财会监督信息化建设,提升高校财务管理及财会监督智能化、现代化水平,保障高校教育事业稳定健康可持续发展。[②]彭雪辉等(2022)立足于强化财会监督背景下公立高校加强预算绩效管理的重要性和紧迫性,认为高校发展理念已经由追求高速度、大规模发展转变为追求高质量、内涵式发展,建立全方位、全过程、全覆盖的预算绩效监管体系,实现"花钱必问效",是高校内涵式发展的必然选择。然而,财会监督工作中仍存在"缺位"或"越位"现象,全面预算绩效管理的工作内容和形式尚未成熟,高校财会监督模式和预算绩效管理工作模式尚未实现融合调整,预算绩效管理的广度和深度、质量和效率都有待提

---

① 莫蓉.关于新时代强化高校财会监督管理的思考[J].商讯,2023(13):37-40.
② 莫蓉.关于新时代强化高校财会监督管理的思考[J].商讯,2023(13):37-40.

升。为加强高校财会监督落实预算绩效管理，须优化顶层设计，推进财会监督与预算绩效管理有机融合、共促事业发展，实现规划与预算有效融合、引入成本理念，提高运行质量和效益、强化绩效理念，推进预算与绩效管理一体化。[①]

1.3.2 双一流

世界一流大学和世界一流学科（First-class universities and disciplines of the world），简称"双一流"，是中共中央、国务院做出的重大战略决策，也是中国高等教育领域继"211 工程""985 工程"之后的又一国家战略，有利于提升中国高等教育综合实力和国际竞争力，为实现"两个一百年"奋斗目标和实现中华民族伟大复兴的中国梦提供有力支柱。

1."双一流"的建设经历

（1）准备阶段

2015 年 10 月 24 日，国务院印发《统筹推进世界一流大学和一流学科建设总体方案》，要求坚持"以一流为目标、以学科为基础、以绩效为杠杆、以改革为动力"的基本原则，推动一批高水平大学和学科进入世界一流行列或前列。根据方案规划，总体目标是到 2020 年，我国若干所大学和一批学科进入世界一流行列，若干学科进入世界一流学科前列；到 2030 年，更多的大学和学科进入世界一流行列，若干所大学进入世界一流大学前列，一批学科进入世界一流学科前列，高等教育整体实力显著提升；到 21 世纪中叶，一流大学和一流学科的数量和实力进入世界前列，基

---

① 彭雪辉,高金娜,许晓洁.强化财会监督背景下高校预算绩效管理研究[J].现代审计与会计,2022(8):32-34.

本建成高等教育强国。

2017年1月24日，教育部、财政部、国家发展和改革委员会联合印发《统筹推进世界一流大学和一流学科建设实施办法（暂行）》。要求按照"一流大学"和"一流学科"两类布局建设高校；坚持以学科为基础，支持建设一百个左右学科，着力打造学科领域高峰；每五年一个建设周期，2016年开始新一轮建设。

（2）正式实施阶段

2017年9月21日，教育部、财政部、国家发展和改革委员会联合发布《关于公布世界一流大学和一流学科建设高校及建设学科名单的通知》，正式公布世界一流大学和世界一流学科建设高校及建设学科名单，首批"双一流"建设高校共计137所，其中世界一流大学建设高校42所（A类36所，B类6所），世界一流学科建设高校95所；双一流建设学科共计465个（其中自定学科44个）。

2018年8月8日，教育部、财政部、国家发展和改革委员会联合发布《关于高等学校加快"双一流"建设的指导意见》，要求坚持"特色一流、内涵发展、改革驱动、高校主体"的基本原则，落实立德树人根本任务，紧紧抓住坚持办学正确政治方向、建设高素质教师队伍和形成高水平人才培养体系三项基础性工作，以体制机制创新为着力点，在深化改革、服务需求、开放合作中加快发展，努力建成一批中国特色社会主义标杆大学；建立健全"双一流"建设部际协调工作机制，创新省部共建合建机制，统筹推进"双一流"建设与地方高水平大学建设，实现政策协同、分工协同、落实协同、效果协同。

2020年1月21日，教育部、国家发展改革委、财政部制定了《关于"双一流"建设高校促进学科融合 加快人工智能领域研究生培养的若干意见》，要求坚持"需求导向、应用驱动；项目牵引、多元支持；跨界融合、精准培养"的基本原则，深化人工智能内涵，推动"双一流"建设高校着力构建赶超世界先进水平的人工智能人才培养体系，加快培养勇闯"无人区"

的高层次人才,实现引领性原创成果的重大突破。

2."双一流"的建设内容

(1) 五大建设任务

建设一流师资队伍。深入实施人才强校战略,强化高层次人才的支撑引领作用,加快培养和引进一批活跃在国际学术前沿、满足国家重大战略需求的一流科学家、学科领军人物和创新团队,聚集世界优秀人才。遵循教师成长发展规律,以中青年教师和创新团队为重点,优化中青年教师成长发展、脱颖而出的制度环境,培育跨学科、跨领域的创新团队,增强人才队伍可持续发展能力。加强师德师风建设,培养和造就一支有理想信念、有道德情操、有扎实学识、有仁爱之心的优秀教师队伍。

培养拔尖创新人才。坚持立德树人,突出人才培养的核心地位,着力培养具有历史使命感和社会责任心,富有创新精神和实践能力的各类创新型、应用型、复合型优秀人才。加强创新创业教育,大力推进个性化培养,全面提升学生的综合素质、国际视野、科学精神和创业意识、创造能力。合理提高高校毕业生创业比例,引导高校毕业生积极投身大众创业、万众创新。完善质量保障体系,将学生成长成才作为出发点和落脚点,建立导向正确、科学有效、简明清晰的评价体系,激励学生刻苦学习、健康成长。

提升科学研究水平。以国家重大需求为导向,提升高水平科学研究能力,为经济社会发展和国家战略实施做出重要贡献。坚持有所为有所不为,加强学科布局的顶层设计和战略规划,重点建设一批国内领先、国际一流的优势学科和领域。提高基础研究水平,争做国际学术前沿并行者乃至领跑者。推动加强战略性、全局性、前瞻性问题研究,着力提升解决重大问题能力和原始创新能力。大力推进科研组织模式创新,依托重点研究基地,围绕重大科研项目,健全科研机制,开展协同创新,优化资源配置,提高科技创新能力。打造一批具有中国特色和世界影响的新型高校智库,提高服务国家决策的能力。建立健全具有中国特色、中国风格、中国气派的哲学社会科学学术评价和学术标准体系。营造浓厚的学术氛围和宽松的创新环境,保护创新、宽容失败,大力激发创新活力。

传承创新优秀文化。加强大学文化建设,增强文化自觉和制度自信,形成推动社会进步、引领文明进程、各具特色的一流大学精神和大学文化。坚持用价值观引领知识教育,把社会主义核心价值观融入教育教学全过程,引导教师潜心教书育人、静心治学,引导广大青年学生勤学、修德、明辨、笃实,使社会主义核心价值观成为基本遵循,形成优良的校风、教风、学风。加强对中华优秀传统文化和社会主义核心价值观的研究、宣传,认真汲取中华优秀传统文化的思想精华,做到扬弃继承、转化创新,并充分发挥其教化育人作用,推动社会主义先进文化建设。

着力推进成果转化。深化产教融合,将一流大学和一流学科建设与推动经济社会发展紧密结合,着力提高高校对产业转型升级的贡献率,努力成为催化产业技术变革、加速创新驱动的策源地。促进高校学科、人才、科研与产业互动,打通基础研究、应用开发、成果转移与产业化链条,推动健全市场导向、社会资本参与、多要素深度融合的成果应用转化机制。强化科技与经济、创新项目与现实生产力、创新成果与产业对接,推动重大科学创新、关键技术突破转变为先进生产力,增强高校创新资源对经济社会发展的驱动力。

（2）五大改革任务

加强和改进党对高校的领导。坚持和完善党委领导下的校长负责制,建立健全党委统一领导、党政分工合作、协调运行的工作机制,不断改革和完善高校体制机制。进一步加强和改进新形势下高校宣传思想工作,牢牢把握高校意识形态工作领导权,不断坚定广大师生中国特色社会主义道路自信、理论自信、制度自信、文化自信。全面推进高校党的建设各项工作,着力扩大党组织的覆盖面,推进工作创新,有效发挥高校基层党组织战斗堡垒作用和党员先锋模范作用。完善体现高校特点、符合学校实际的惩治和预防腐败体系，严格执行党风廉政建设责任制，切实把党要管党、从严治党的要求落到实处。

完善内部治理结构。建立健全高校章程落实机制，加快形成以章程为统领的完善、规范、统一的制度体系。加强学术组织建设，健全以学术委员会为核心的学术管理体系与组织架构，充分发挥其在学科建设、学术评价、学术发展和学风建设等方面的重要作用。完善民主管理和监督机制，扩大有序参与，加强议事协商，充分发挥教职工代表大会、共青团、学生会等在民主决策机制中的作用，积极探索师生代表参与学校决策的机制。

实现关键环节突破。加快推进人才培养模式改革，推进科教协同育人，完善高水平科研支撑拔尖创新人才培养机制。加快推进人事制度改革，积极完善岗位设置、分类管理、考核评价、绩效工资分配、合理流动等制度，加大对领军人才倾斜支持力度。加快推进科研体制机制改革，在科研运行保障、经费筹措使用、绩效评价、成果转化、收益处置等方面大胆尝试。加快建立资源募集机制，在争取社会资源、扩大办学力量、拓展资金渠道方面取得实质进展。

构建社会参与机制。坚持面向社会依法自主办学，加快建立健全社会支持和监督学校发展的长效机制。建立健全理事会制度，制定理事会章程，着力增强理事会的代表性和权威性，健全与理事会成员之间的协商、合作机制，充分发挥理事会对学校改革发展的咨询、协商、审议、监督等功能。加快完善与行业企业密切合作的模式，推进与科研院所、社会团体等资源共享，形成协调合作的有效机制。积极引入专门机构对学校的学科、专业、课程等水平和质量进行评估。

推进国际交流合作。加强与世界一流大学和学术机构的实质性合作，将国外优质教育资源有效融合到教学科研全过程，开展高水平人才联合培养和科学联合攻关。加强国际协同创新，积极参与或牵头组织国际和区域性重大科学计划和科学工程。营造良好的国际化教学科研环境，增强对外籍优秀教师和高水平留学生的吸引力。积极参与国际教育规则制定、国际教育教学评估和认证，切实提高我国高等教育的国际竞争力和话语权，树立中国大学的良好品牌和形象。

3. "双一流"的建设评价

2020 年 12 月 30 日，教育部、财政部、国家发展改革委制定了《"双一流"建设成效评价办法(试行)》，"双一流"建设成效评价是对高校及其学科建设实现大学功能、内涵发展及特色发展成效的多元多维评价，综合呈现高校自我评价、专家评价和第三方评价结果，评价遵循以下原则：一流目标，关注内涵建设；需求导向，聚焦服务贡献；分类评价，引导特色发展；以评促建，注重持续提升。

（1）人才培养评价

将立德树人成效作为根本考察标准，以人才培养过程、结果及影响为评价对象，突出培养一流人才，综合考察建设高校思政课程、教学投入与改革、创新创业教育、毕业生就业质量以及德智体美劳全面发展等方面的建设举措与成效。

（2）教师队伍建设评价

突出教师思想政治素质和师德师风建设，克服"唯论文""唯帽子""唯职称""唯学历""唯奖项""唯项目"倾向，综合考察教师队伍师德师风、教育教学、科学研究、社会服务和专业发展等方面的情况，以及建设高校在推进人事制度改革，提高专任教师队伍水平、影响力及发展潜力的举措和成效。

（3）科学研究评价

突出原始创新与重大突破，不唯数量、不唯论文、不唯奖项，实行代表作评价，强调成果的创新质量和贡献，结合重大、重点创新基地平台建设情况,综合考察建设高校提高科技创新水平、解决国家关键技术"卡脖子"问题、推进科技评价改革的主要举措,在构建中国特色哲学社会科学学科体系、学术体系、话语体系中发挥的主力军作用,以及面向改革发展重大实践,推动思想理论创新、服务资政决策等方面的成效。

(4)社会服务评价

突出贡献和引领,综合考察建设高校技术转移与成果转化的情况,服务国家重大战略和行业产业发展以及区域发展需求,围绕国民经济社会发展加强重点领域学科专业建设和急需人才培养、特色高端智库体系建设情况、成果转化效益以及参与国内外重要标准制定等方面的成效。

(5)文化传承创新评价

突出传承与创新中国特色社会主义先进文化,综合考察建设高校传承严谨学风和科学精神、中华优秀传统文化和红色文化,弘扬社会主义核心价值观的理论建设和社会实践创新,塑造大学精神及校园文化建设的举措和成效以及校园文化建设引领社会文化发展的贡献度。

(6)国际交流合作评价

突出实效与影响,综合考察建设高校统筹国内国外两种资源,提升人才培养和科学研究的水平以及服务国家对外开放的能力,加强多渠道国际交流合作,持续增强国际影响力的成效。[①]

1.3.3　预算

1. 预算的含义

预算(Budget)是国家机关、团体和个人等对于未来的一定时期内的

---

① 葛晓冬,邰源,许莹,等."双一流"建设背景下高校全面预算绩效管理浅析[J].教育财会研究,2022,33(2):71-77.

收入和支出的计划。从宏观层面来看,它规定国家财政收入的来源和数量、财政支出的各项用途和数量,反映着整个国家政策、政府活动的范围和方向。做好预算有助于规范政府收支行为,强化预算约束,加强对预算的管理和监督,建立健全全面规范、公开透明的预算制度,保障经济社会的健康发展。[①]

从微观层面看,预算也指企业或个人在未来一定时期内的经营、资金、财务等方面的收入、支出、现金流的总体计划。它以货币的形式显示各种经济活动。每个责任中心都有预算,这是执行中心任务和实现其财政目标所需的各种资源的财务计划。预算不仅仅是预测,它包括计划和巧妙处理所有决定组织未来表现的变量,以努力达到某种优势地位。

2. 高校预算的含义

高校预算是根据学校事业发展目标和计划编制的年度财务收支计划。根据管理需求的不同,预算分为部门预算和校级预算,校级预算分为学校预算和院系单位预算两级预算。高校预算制度是处理高校和二级单位以及基层单位之间财务关系的各种制度的统称。它是高校预算监督编制、执行、决算和实施的制度基础和法律依据,是高校财务管理制度的主要环节。我国高校现行的预算制度是统一领导、集中管理,规模较大的学校实行统一领导、分级管理。其主要特点是将全校的财政收支作为学校预算管理的对象,实行统一预算、统一核算、统一管理;在校级统一政策、规划和制度的前提下,二级单位和基层单位实行集中管理或分级管理。统一领导是指学校在统一的财务政策和财务规章制度之下,制订统一的财务收支计划,实行统一的资源配置和统一标准的财务会计业务领导。集中管理是指对学校预算的编制、执行、控制、调整、评价和分析进行集中

---

① 《中华人民共和国预算法》(中华人民共和国主席令〔2018〕第 22 号).

管理,从而形成财务权限的集中管理、财务规章制度的制定和执行的集中管理、会计事务的集中管理。分级管理是指规模较大、管理层次较高的高校,在建立和完善财务规章制度,明确单位内部各级权责关系和在学校统一领导的基础上,按照财务权利相结合的原则,分别由学校和各级组织(二级单位或基层单位)对学校的预算进行分级管理。二级单位或基层单位只有相应的预算管理权,没有预算调整权。

3. 高校预算的分类

高等学校预算依据不同的标准可以有不同的分类,目前主要有两种。

(1) 按照内容划分为收入预算和支出预算

收入预算是指高等学校在年度内通过各种形式和渠道取得的用于教学、科研和其他活动的不可偿还经费的收入计划。它包括财政补助收入、事业收入、上级补助收入、附属单位上缴收入、经营收入和其他收入预算等。收入预算是完成事业发展的财务保障,其汇总了学校在预算年度可以提供的所有资金来源,用于开展各项事业活动。收入预算反映了高校经费来源的多样性、学校依法多渠道筹措经费的能力和经费来源的结构。

支出预算是指高等学校一年内用于开展教学、科研等活动的支出计划。它包括事业支出、上缴上级支出、对附属单位补助支出、经营支出和其他支出预算等。支出预算反映了高校的规模、发展速度和发展方向。收入预算和支出预算相互依存,不可忽视,共同构成了整个学校预算体系。在实际工作中,决不能单纯注重支出预算而忽视收入预算。否则,收入预算一旦不执行、资金不到位,就会导致资金短缺,支出预算难以执行,事业发展计划和工作任务所需资金得不到保障,从而影响学校事业的顺利发展,阻碍了战略目标的实现。

(2) 按照范围划分为校级预算和所属各级预算

校级预算是指高等学校除国家和地方政府拨付的基本建设投资和自

主核算的校办产业经营支出以外的经费收支计划总额,其预算收支内容口径一致,通过核算,可以直接反映预算收支执行情况。所属各级预算是指列入学校预算,由学校所属各级非独立核算的事业单位编制,具有特定用途的项目经费收支计划。

4. 高校预算的特点

高等学校属于非营利组织,非营利组织的经营目的不是追求利润或其等价物。虽然一些非营利组织的业务收入和支出存在差距,但他们的目标一般是宏观社会效益,而不是微观经济效益。非营利组织中不存在可以明确界定的所有者权益,也不存在可以出售、转让或赎回的所有者权益,即使非营利组织解散,提供者也不分享剩余资产。因此,高校作为非营利组织,其预算管理有其自身的特点。

(1) 综合性

高等学校预算是高等学校各项经费的收支计划。综合学校各项收入来源和支出目的,进行科学分类和归纳。按照规定的原则,确保学校综合财力总体均衡,通过优化资源配置,保证教学、科研、行政、后勤服务等工作的顺利开展。同时,高校预算整合了国家财政政策和学校的各项决策,以预算为工具,确保国家层面和学校管理者层面的愿望得以实现。

(2) 效益性

加强高校预算管理的目的非常明确:一是保证各项经营计划的资金需求,促进事业发展;二是要充分发挥资金使用的效益,花钱必问效,无效必问责。从质量和数量以及效益上要求学校通过强化预算管理,优化资源配置,落实国家"过紧日子"要求,节约经费开支,提高资金使用效益。[①]

---

① 李丹. 论我国高等学校预算管理[D].北京:首都经济贸易大学,2005.

1.3.4　绩效

在牛津英文词典的释义中,绩效(Performance)指执行、履行、成绩、表现、成就,根据《韦氏大学词典》中的定义,绩效则侧重于结果,强调的是完成某种任务和达到某个目标。在实务中,"绩效"一词最早应用于工商企业管理过程中,绩效管理起初作为企业管理的一种工具,其目的是通过特定目标管理以实现企业效益的提高。到20世纪二三十年代,政府公共管理开始引入"绩效",并在20世纪八九十年代被广泛用于西方国家政府公共管理过程中,其目的是通过在政府支出管理过程中设定定量化的效果目标,评价公共服务质量和公共支出效果,并将评价结果与财政支出有机联系起来,达到促使政府部门降低成本、改进管理、增加效益的目的。随着经济社会的不断发展,绩效开始被广泛地应用于各个领域,在不同领域中,绩效同样包含有成绩和效益两个方面:从管理学的角度看,绩效是指组织期望达到的结果,是组织为了实现其特定目标而展现在管理工作中的有效输出;在经济管理活动方面,是指社会经济管理的结果和成果。具体地说,绩效是一个组织或个人一定时期内的投入产出情况,投入指的是人力、物力、时间等物质资源,产出指的是工作任务在数量、质量及效率方面的完成情况。①

1. 绩效的代表观点

在以往的研究中,不同学者关于绩效的定义也不尽相同,具有代表性的观点有结果绩效观、行为绩效观和能力绩效观。

(1)结果绩效观

结果绩效观是最早的绩效观,它以结果为导向,是一种建立在工业经

---

① 张君.部门预算绩效管理研究[D].大连:东北财经大学,2014.

济工作体系上的管理思想。该观念认为绩效是工作的结果,将绩效视为工作所达到的成果或工作结果的记录。赞同结果绩效观的代表学者有伯纳丁(Bernadin)、凯恩(Kane)、彭剑锋、杨蓉等。

从历史上看,工业和组织心理学家倾向于将绩效视为一个一维的概念,要么将绩效等同于任务结果,要么将注意力集中在整体绩效上。绩效被定义为一个可预测的因变量,或者是工作行为及其结果的效能和价值。例如,伯纳丁等认为,"绩效应该定义为工作的结果,因为这些工作结果与组织的战略目标、顾客满意度及所投资金的关系最为密切。"[①]我国学者彭剑锋指出,"绩效,也称业绩、效绩、成效等,反映的是人们从事某一种活动所产生的成绩和结果。"[②]单维结果绩效观认为绩效是单一的、可预测的和可测量的,便于进行绩效评估,但却忽视了其他隐性工作成果的存在,因此,单维结果绩效观存在一定的不足。

与单维结果绩效观不同的是,凯恩、杨蓉等认为绩效的工作所达到的结果可从多个角度来衡量,比如职责、关键结果领域、结果、责任、任务及事务、目标、生产量和关键成功因素等,既包含显性可测量的工作业绩,也包含其他隐性不易测量的工作成果,这些都是表示绩效结果的相关概念。[③] 例如凯恩认为,绩效是"一个人留下的东西,这种东西与目的相对独立存在"。[④] 我国学者杨蓉认为,绩效是指个人为了达到目标而采取的各种行动的结果。[⑤]

但在知识经济时代,唯结果论却具有明显的不足之处,其忽略了过程,从而导致员工只重视被考核的指标,而忽略其他指标,比如团队合作、过分

---

① BERNADIN H J, KANE J S. Performance appraisal: A contingency approach to system development and evaluation[M]. Amazon Co. UK: Books, 1993: 92 – 112.

② 彭剑锋.人力资源管理概论[M].上海:复旦大学出版社,2003:263 – 284.

③ 许为民,李稳博.从经典学术论文的视角分析绩效内涵研究[J].东华大学学报(社会科学版),2009,9(04):332 – 336.

④ BERNADIN H J, KANE J S. Performance appraisal: A contingency approach to system development and evaluation[M]. Amazon Co. UK: Books, 1993: 92 – 112.

⑤ 杨蓉.人力资源管理[M].大连:东北财经大学出版社,2002:210 – 219.

注重短期利益等,不利于长期发展。在这样的背景下,行为绩效观应运而生。

（2）行为绩效观

与结果绩效观注重产出不同,行为绩效观认为绩效是行为的过程,行为与产生的结果密切相关。该观点的代表学者主要有坎贝尔(Campbell)、墨菲(Murphy)、张德等人。

坎贝尔认为,绩效是行为,应该与结果分开,因为结果会受系统因素的影响。[①] 张德认为,绩效指人们所做的同组织目标相关的、可观测的、具有可评价要素的行为。[②]

（3）能力绩效观

无论是结果绩效观还是行为绩效观,都侧重一个方面,比如结果绩效观过分强调结果,从而忽略过程;行为绩效观过分强调过程,很有可能出现只注重过程而没有产出的现象。鉴于结果绩效观和行为绩效观的不足,很多学者建议将两种观念综合起来研究,即行为与结果统一的绩效观,又称能力绩效观。

能力(或称胜任力)的概念由哈佛大学 Mc Clelland 提出,该观点认为绩效管理应该“向前看”,而不仅仅局限于当下。例如,Sarges 认为,绩效潜力不仅包括个人在未来表现良好所需的技能,还包括对表现良好的期望,这个定义明确地包括了面向未来的动机。中国学者姚慧娟等人也认为,绩效潜力是指员工在未来表现出一定水平的绩效的能力。绩效潜力分析可以客观、科学地预测员工未来的绩效,为组织做出晋升决策和员工制定未来职业发展规划提供科学依据。[③]

---

① CAMPBELL J P. Modeling the performance prediction problem in industrial and organizational psychology[M]//Handbook of Industrial and Organizational Psychology. 2nd ed. Palo Alto, CA: Consulting Psychologists Press, 1990: 687 - 732.

② 张德.人力资源开发与管理[M].北京:清华大学出版社,2004.

③ 姚慧娟,张建卫,林淑霞.绩效管理的新领域:绩效潜力分析[J].沿海企业与科技,2007(1):71 - 72.

2. 高校绩效的含义

绩效是个人或组织在一定时期内的投入产出情况。对高校来说，高校的功能在于通过教育活动，使其适应经济社会发展的需要，培养具有满足社会综合能力和知识需求的劳动者，促进社会进步，促进社会生产力发展。相应地，高校绩效应反映出其功能实现水平。2017 年 2 月，中共中央、国务院印发了《关于加强和改进新形势下高校思想政治工作的意见》，强调指出"从高校的职责和使命看，高校肩负着人才培养、科学研究、社会服务、文化传承创新、国际交流合作的重要使命"，既明确了高校工作方向，也为后续构建绩效评估维度做出指导。

3. 高校绩效目标

高校开展人才培养、科学研究、社会服务、文化传承创新、国际合作交流等活动都需要一定的经济投入，高校不是营利性组织，资金主要来源于国家财政拨款，正所谓取之于民用之于民，高校更应该精打细算，花好每一分钱，使之发挥其应有的效益。

（1）整体办学绩效目标

大学整体绩效目标也是学校事业发展的宏观绩效目标，它是学校各方面绩效目标的综合体现，也是学校应达到的办学水平和政府及社会认可度。这一综合绩效指标主要体现在官方机构或民间机构对学校的综合排名或综合评价。但是这种排名或评价并没有考虑投入与产出、成本与效益等反映办学绩效的指标。所以，在确定大学综合办学绩效目标时，应当将投入产出、成本效益方面的绩效因素考虑进去，即在整体办学绩效目标的确定方面，应当考虑办学的经济性（在某一投入水平和既定时间内，获得效益或产出进行投入产出、成本效益分析所应当达到的目标）、效率性（在既定时间和预算投入下产生的办学效果，要求达到生产效率和资源配置效率的目标)、效果性(通过实施绩效管理衡量办学及管理服务的改善情况)。

（2）分项办学绩效目标

大学的整体办学绩效由分项的办学绩效组成，所以，分项办学绩效目标的设计很重要。分项办学绩效目标的确定有不同的维度，可以从大学的功能角度设计，也可以从投入、过程及结果(或产出)的角度来确定。人才培养的绩效目标设计应考虑与教学和人才培养相关的投入、过程及产出等因素，同时还要考虑大学的类型如研究型大学、教学研究型大学和教学型大学等。科学研究的绩效目标设计也应当通过投入、过程和产出之间的比较来反映。社会服务虽然作为现代大学的一项重要功能，但由于与教学科研直接相关，很难单独进行全面考核其绩效的投入和过程，主要应侧重于对其产出绩效的目标设计。

除此之外，大学绩效目标还应当包括管理绩效目标和财务绩效目标。其中，财务绩效目标主要体现在财务的筹资目标、办学资源配置(从投入产出、成本效益角度)目标、费用支出控制目标、资产管理及保值增值目标、财务效益目标、财务安全目标等。由于财务绩效是其他各项绩效的综合反映，因此在大学绩效目标中应当占有重要的位置。①

1.3.5　预算绩效与预算绩效管理

1. 预算绩效与预算绩效管理的含义

预算绩效是指预算资金所达到的产出和结果②，强调政府预算支出与所获得的有效公共服务的投入产出关系，是中华人民共和国财政部结

---

① 刘玉光. 高等学校绩效预算管理问题研究[D].厦门：厦门大学，2007.
② 《关于推进预算绩效管理的指导意见》(财预〔2011〕416 号).

合当前财政管理水平提出来的具有中国特色的一种新型预算机制,将绩效理念和方法逐步渗入预算管理的各个阶段,本质上反映的是各级政府各部门的工作绩效。

2011 年 7 月,财政部发布《关于推进预算绩效管理的指导意见》(财预〔2011〕416 号),明确指出:"预算绩效是指预算资金所达到的产出和结果。预算绩效管理是政府绩效管理的重要组成部分,是一种以支出结果为导向的预算管理模式。它强化政府预算为民服务的理念,强调预算支出的责任和效率,要求在预算编制、执行、监督的全过程中更加关注预算资金的产出和结果,要求政府部门不断改进服务水平和质量,花尽量少的资金、办尽量多的实事,向社会公众提供更多、更好的公共产品和公共服务,使政府行为更加务实、高效。推进预算绩效管理,有利于提升预算管理水平、增强单位支出责任、提高公共服务质量、优化公共资源配置、节约公共支出成本。这是深入贯彻落实科学发展观的必然要求,是深化行政体制改革的重要举措,也是财政科学化、精细化管理的重要内容,对于加快经济发展方式的转变和和谐社会的构建,促进高效、责任、透明政府的建设具有重大的政治、经济和社会意义。"可见,推进预算绩效管理对提高财政资金使用效益具有重要意义。

2. 预算绩效管理的内容

预算绩效管理并不是一个简单的过程,涉及目标管理、过程管理、结果管理等方面,具体来看,主要包括以下管理内容:

(1) 绩效目标管理

预算绩效管理的根本目标在于提高财政资金使用效益,使有限的资源最大限度地发挥其作用。市场经济条件下,社会资源通过市场和政府两种方式实现资源的配置。市场在资源配置中发挥基础性作用,但市场存在市场失灵等方面的限制,要实现资源的优化配置,要发挥政府这只

"看得见的手"的作用,明确预算绩效目标,进而科学地进行绩效目标管理,是预算绩效管理的基础。

(2)绩效运行监督管理

在预算绩效管理过程中,人民与政府是一种委托—代理关系。这种委托—代理关系导致在机制运行过程中委托人与被委托人获得信息的不对称性,非对称性的信息使被委托人在选择其行为时拥有一定的自主权,美国经济学家埃里克·拉斯缪森将这种风险分为五种类型,即隐藏行动的道德风险、隐藏知识的道德风险、逆向选择、信号传递和信息甄别。为了规避或减少制度运行结果与代理人行为隐藏风险的相关性,预算绩效管理中引入运行监督的管理内容,以期提高财政资金运行的效率稳定性。

(3)绩效评价管理

绩效评价管理是预算绩效管理的核心。预算绩效强调预算支出的责任和效率,评价绩效的好坏在于其与绩效目标的吻合程度,评价预算绩效的通行标准包括:① 经济性(Economy),即以最低的费用取得一定质量的资源,它以提高公共支出活动中资金的使用效率和资金分配的均衡性为目标,为公共部门建立合理有效的决策机制和排序机制提供理论基础。② 效率性(Efficiency),以投入和产出的关系作为评判标准,包括以最少的投入获得一定量的产出或以一定量的投入获得最大的产出。③ 有效性(Effectiveness),是绩效目标管理中最重要的评判标准,它表示产出结果在多大程度上达到政策目标或其他的预期结果。

除了传统的3E评价指标外,也有不少学者提出了新的观点。新公共行政学派认为绩效3E硬指标忽视公平、民主等软指标,政府绩效体系应当纳入公平(Equality)指标。1997年福林(Flynn)正式提出绩效4E原则。我国《项目支出绩效评价管理办法》(财预〔2020〕10号)遵循经济性、效率性、效益性和公平性等4E原则。此前丹尼斯·普瑞斯波尔认为综合审计也应当考虑环保性(Environment),形成绩效5E原则。

（4）绩效结果反馈管理

预算绩效管理要求政府部门强化以人民为主体的服务理念，是对预算编制、执行、监督、评价、问责的全过程控制，注重预算资金的产出和效益。绩效结果反馈管理是预算绩效管理的最后一个环节，强调预算执行结果的管理。它要求对已建立的绩效结果，在审查绩效目标的完成程度和效果的基础上进行追溯，发现绩效管理中存在的问题，并及时反馈到绩效管理的各个环节，进一步实现预算绩效管理的科学实施，对预算资源进行更有效、优化的配置。[①]

3. 高校预算绩效与高校预算绩效管理

高校预算绩效实际上是一种预算体制，它将绩效管理与国家的预算管理结合起来运用到高校的管理过程中，并对高校运行过程和运行结果的绩效进行评估，绩效结果将作为下期预算编制的依据。[②] 高校预算绩效管理水平的高低决定了学校财务管理和发展战略的水平高低，做好高校预算绩效管理，能够对高校建设过程中不合理的行为进行约束，从而提高学校治理水平。

1.3.6 全面预算绩效管理

1. 全面预算绩效管理的含义

全面预算绩效管理是将绩效目标申报、绩效目标执行情况监控、绩效指标体系建设、绩效评价及其结果评价应用等手段和方法融入预算全过程，使之与预算管理有机结合的一种全新的预算管理模式。2018 年 9 月

---

① 张君. 部门预算绩效管理研究[D].大连：东北财经大学,2014.
② 张媛丽.预算管理视角下的普通高校预算绩效评价研究[D].北京化工大学,2015.

1日,中国共产党中央委员会、国务院发布《中共中央、国务院关于全面实施预算绩效管理的意见》,首次对全面实施预算绩效管理做出规定,强调全面实施预算绩效管理是推进国家治理体系和治理能力现代化的内在要求,是深化财税体制改革、建立现代财政制度的重要内容,是优化财政资源配置、提升公共服务质量的关键举措。

2. 全面预算绩效管理的特点

全过程预算绩效管理也是预算管理的一种现代形式。预算绩效管理的全过程具有以下明显的特点:① 全程性。贯穿预算绩效管理的全过程,从预算编制、执行到监督等环节。② 连续性。整个过程没有中断,具有凝聚力,既体现在预算绩效管理各环节的有序衔接,也体现在各职能部门的协调发展。高校预算绩效管理的全过程从本质上讲,是围绕着事件发生前和事件发生后的全过程,是绩效管理的闭环系统,包括预算编制、预算执行、执行结果反馈的全过程,具体包括以下几个步骤:绩效评估体制的建立、绩效目标强化、监控绩效完成情况、建设绩效评价标准与加强结果反馈与奖惩机制等内容。① 葛洪朋、韩珺、王云霞认为高等院校的绩效预算主要目的是管理高校年度预算资金,将绩效预算作为核心手段,以达到合理分配资源,提高资金收益,使高校战略目标顺利实施的目的。②

可见,全面预算绩效管理本质上是对整个预算过程的闭环管理,是对现有预算管理模式的改革和完善,不是与预算管理分裂、并行的单一体系,而是运用绩效管理的方法、绩效管理对现有预算管理模式的创新和完善,它是一种有机融合、全面联系的新型预算管理模式,旨在强调资金使用效率,加强全方位、全过程的预算管理,提高预算支出效率,实现资源优

---

① 赵羽.高校全过程预算绩效管理问题研究[D].北京:首都经济贸易大学,2020.
② 葛洪朋,韩珺,王云霞.对行政事业单位预算绩效管理的思考——以高校为例[J].财务与会计,2014(11):66-68.

化配置,提高财务管理水平。①

3. 高校全面预算绩效管理

2019 年 12 月 10 日,教育部发布《教育部关于全面实施预算绩效管理的意见》,强调全面实施预算绩效管理是优化教育资源配置、提升教育公共服务质量、构建服务全民终身学习教育体系、推动加快实现教育现代化的重要举措。教育部在预算绩效管理工作方面取得了积极的进展,积累了一些有益经验,教育经费使用效益不断提高,较好地支撑了教育事业发展。但与中央全面实施预算绩效管理的要求相比还存在一定差距,主要表现在:绩效管理意识有待进一步加强;绩效管理的广度和深度有待进一步拓展;绩效评价结果的应用不充分,激励约束机制有待进一步完善;绩效管理未能充分体现教育行业规律和经费使用特点等。因此,要求各地各单位各司局必须将思想和行动统一到党中央、国务院关于全面实施预算绩效管理的决策部署上来,把全面实施预算绩效管理作为健全治理机制、优化资源配置、激发内生动力、提高管理效能的重要抓手,作为推进教育治理体系和治理能力现代化的重要举措,确保各项改革任务落到实处。该制度文件还规定,"到 2020 年底,基本建成覆盖部门预算和转移支付的全面预算绩效管理制度体系。在此基础上,不断总结和推广实践经验,逐步推动形成体系完备、务实高效的教育预算绩效管理模式"。由此拉开了高校全面预算绩效管理工作的序幕。

高校运行过程中离不开各项资金的保障,自全面预算绩效管理提出后,中央部门也制定了相关规章制度文件,对高校专项资金使用提出具体要求,以提高资金使用效益,充分落实立德树人之根本目标。比如,2021 年12 月 30 日,财政部、教育部、人力资源和社会保障部、退役军人事务部和中

---

① 靳光玫,陈原.预算绩效管理理论研究与案例解读[M].长春:吉林大学出版社,2022:1.

央军委国防动员部发布《学生资助资金管理办法》,提到"各级财政、教育、人力资源社会保障等部门要按照全面实施预算绩效管理的要求,建立健全全过程预算绩效管理机制,按规定科学合理设定绩效目标,对照绩效目标做好绩效监控、绩效评价,强化绩效结果运用,做好信息公开,提高资金使用效益"。要求对高校学生资助资金进行全过程预算绩效管理。同年 12 月 31 日,财政部和教育部发布《支持地方高校改革发展资金管理办法》,指出地方高校是资金使用管理的责任主体,应根据年度预算控制数和相关管理要求,结合自身实际情况,突出重点工作,要坚持社会主义办学方向,向建设高素质教师队伍、建设高水平人才培养体系倾斜。鼓励各高校按照加强思想政治理论课建设、建设高素质教师队伍、深化教育教学改革、加强科研能力建设、改善基本办学条件、提升服务经济社会发展能力等,根据预算管理要求,自主设置项目,建立项目库,并按照规定进行预算评审和实行滚动管理,加强全过程预算绩效管理,确保资金使用安全、规范、有效。

1.3.7　全成本预算绩效管理

1. 全成本预算绩效管理的含义

全成本预算绩效管理是指将成本效益理念融入预算绩效管理的全过程,包括预算目标制定、预算执行、预算监控、绩效评价、结果及应用等多个环节,通过科学的分析方法,核算单位管理过程中发生的总成本、单位成本等,进而针对性地降本增效,提高资金使用效益。全成本预算绩效管理是对全面预算绩效管理的有效补充,其成本效益理念与全过程预算绩效管理相融相通,充实并完善了预算绩效管理模式。在全面落实国家"过紧日子"的政策背景下,在高等院校加强内部管控、进行体制机制改革的要求下,开展全成本预算绩效管理已是大势所趋。

成本核算的理念在我国由来已早,1987 年,国家教育委员会与财政部发布《高等学校财务管理改革实施办法》,首次提出成本核算理念:"高等学校开展科技咨询活动,必须进行成本核算","改革现行的会计核算制度,研究建立高等学校会计核算体系和投资效益分析指标体系,做到直接费用正确归属,间接费用合理分摊,为核算人才培养成本创造条件,使会计核算适应学校管理的要求"。此后,国家陆续发布政策文件明确成本核算必要性、成本核算对象、成本核算内容、成本核算标准等,1985 年国家发展和改革委员会印发《高等学校教育培养成本监审办法(试行)》,明确指出高校教育培养成本由人员支出、公用支出、对个人和家庭的补助支出和固定资产折旧四部分构成,进行成本核算有利于合理制定高等学校学费标准,提高教育收费决策的科学性,高校教育培养成本核算应做到真实、准确、完整、合理。2012 年财政部《高等学校会计制度》、2018 年财政部《关于贯彻实施政府会计准则制度的通知》等政策都为高等学校进行成本核算打下了坚实基础。2019 年底,财政部印发《事业单位成本核算基本指引》,旨在促进事业单位加强成本核算工作,提升单位内部管理水平和运行效率,夯实绩效管理基础。其中,《事业单位成本核算具体指引——高等学校》(以下简称《指引》)对高等学校进行成本核算进行了详细规定,为高等学校开展成本核算工作提供了基本原则和方法。

2. 事业单位成本核算具体指引——高等学校

《指引》对相关概念、成本核算对象、成本范围和成本项目、业务活动成本归集与分配、院系教学成本核算、学生教学成本核算、科研活动成本核算、成本报告等做了具体规定。《指引》所称成本,是指高等学校特定的成本核算对象所发生的资源耗费,包括人力资源耗费,房屋及建筑物、设备、材料、产品等有形资产的耗费,知识产权等无形资产的耗费,以及其他耗费。《指引》所称成本核算,是指高等学校对实现其职能目标过程中实际发生的各种耗费按照确定的成本核算对象和成本项目进行归集、分配，计算确定各成本核算对象的总成本、单位成本等，并向有关信息使用者提供成本信息的活动。《指引》所称成本核算对象，是指高等学校在成本核算时根据其职能目标、成本信息需求等确定的，归集和分配资源耗费的具体对象。《指引》所称成本项目，是指高等学校将归集到成本核算对象的成本按照一定标准划分的反映成本构成的具体项目。

高等学校开展成本核算应当满足内部管理和外部管理的特定成本信息需求，即为高等学校及其内部组织机构合理控制成本、优化成本结构、提升资金使用效益提供信息支撑；为有关部门、高等学校进行高等教育资源配置（如确定学费收取标准等）提供成本信息参考；为财政、教育等有关部门开展高等学校整体、政策、项目等绩效管理工作提供成本信息支撑，同时也为高等学校开展绩效自评提供依据。可见，高等学校开展成本核算是极其必要的，对国家、社会、高校等都具有重要意义。同时，《指引》指出，高等学校在进行成本核算时，应遵循下列基本步骤：（一）按照成本核算要求采集费用、收入、教职工和学生等各类人员相关信息、房屋面积等成本相关基础数据。（二）确定成本核算对象。（三）确定成本核算对象的成本范围和成本项目。（四）将直接费用归集至成本核算对象；选择科学、合理的成本动因或分配基础，将间接费用分配至成本核算对象；计算确定各成本核算对象的成本。（五）根据成本核算结果编制成本报告。统一编制步骤和标准，使成本报告具有横向可比性和纵向可比性，有利于政府和高校进行合理资源配置。

《指引》指出，高等学校可以根据业务特点和成本信息需求，多层次、多维度地确定成本核算对象。高等学校按照管理层次确定的成本核算对象，主要包括高等学校整体、内部组织部门、学科、专业等。高等学校按照活动类型确定的成本核算对象，主要包括教学、科研等专业业务活动（以下简称业务活动）和其他活动。高等学校至少应当将业务活动中的教学活动作为成本核算对象，也可以根据成本信息需求将科研活动等作为成本核算对象。此外,《指引》还将教学活动成本进一步划分为院系教学成本和学生教学成本,并详细阐述了不同成本核算方法下成本核算的具体公式,为各高等院校开展成本核算提供了有力支撑。

1.4 研究思路、框架及方法

1.4.1 研究思路

本书总体上沿着理论分析与实践案例分析相结合的思路进行研究。全书共分为11章。

第1章为绪论,主要介绍本书研究背景、研究目的和意义,以及相关概念,阐述了研究思路、框架和研究方法。

第2章主要介绍了全面预算绩效管理的理论基础,包括委托代理理论、公共产品理论、公共选择理论、新公共管理理论和教育成本分担理论,具体来看,介绍了每个理论的产生与发展和主要内容。

第3章对国内外相关高校全面预算绩效改革体系进行梳理,并在章节最后部分梳理了自1991年以来我国预算管理相关制度文件。

第4章对财会监督背景下"双一流"高校全面预算绩效评价指标体系构建原则及方法进行介绍。

第5~10章分别从全面预算绩效管理流程、人才培养方向、科学研究方向、社会服务方向、文化传承与创新方向和国际交流合作方向构建了财会监督背景下"双一流"高校全面预算绩效管理体系。

第11章以N高校为例,进行财会监督背景下"双一流"高校全面预算绩效管理体系研究案例分析,最后提出相关建议。

1.4.2 研究框架

本书研究框架如下：

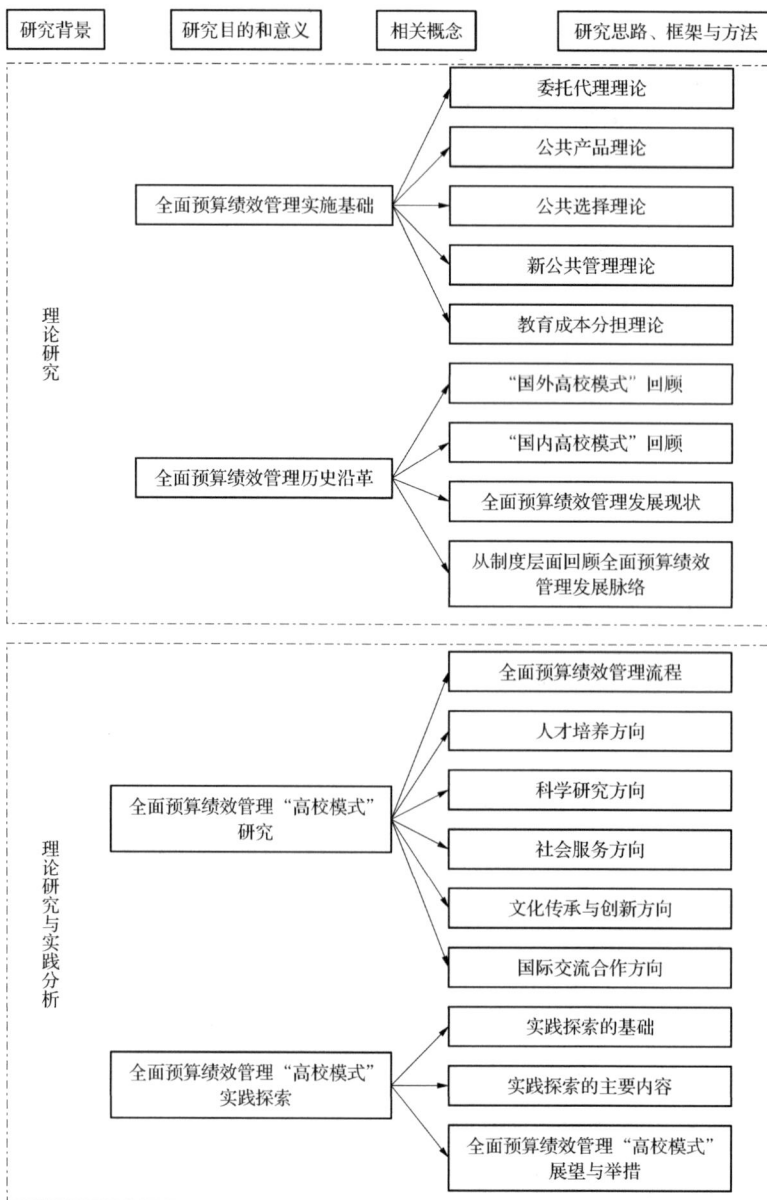

| 研究背景 | 研究目的和意义 | 相关概念 | 研究思路、框架与方法 |

理论研究

全面预算绩效管理实施基础
- 委托代理理论
- 公共产品理论
- 公共选择理论
- 新公共管理理论
- 教育成本分担理论

全面预算绩效管理历史沿革
- "国外高校模式"回顾
- "国内高校模式"回顾
- 全面预算绩效管理发展现状
- 从制度层面回顾全面预算绩效管理发展脉络

理论研究与实践分析

全面预算绩效管理"高校模式"研究
- 全面预算绩效管理流程
- 人才培养方向
- 科学研究方向
- 社会服务方向
- 文化传承与创新方向
- 国际交流合作方向

全面预算绩效管理"高校模式"实践探索
- 实践探索的基础
- 实践探索的主要内容
- 全面预算绩效管理"高校模式"展望与举措

1.4.3 研究方法

本书主要采用的研究方法有：

一是文献研究法。本书通过对国内外有关全面预算绩效管理的文献进行梳理，力图厘清预算、绩效、预算绩效、全面预算绩效管理等基本概念，在此基础上整理国内外学者关于预算绩效管理的主要观点，以及国内外预算绩效管理改革的主要发展轨迹，以期对预算绩效管理改革体系进行了解与掌握。

二是比较分析和演绎归纳法。本书旨在厘清国内外预算绩效管理体系改革的主要路径，为我国高校预算管理改革提出相关建议。在预算管理领域，西方国家最早开始探索，自 19 世纪以来，以美国为典型代表的公共预算编制模式逐步发展，英国、新西兰、澳大利亚等国家也同步进行了预算管理改革，我国则于新中国成立后才开展预算管理改革。因此，西方一些国家的改革历程和经验对我国具有重要的借鉴意义。本书通过比较分析一些西方国家预算管理改革的典型做法，提炼其蕴含的理性因素，整理我国预算绩效管理改革的政策定位，并进一步对高校全面预算管理改革提出建议。

三是案例研究法。为了使理论对实践有更好的指导意义，本书力求将理论研究与实证研究相结合。一方面积极探索国际经典案例对于我国管理实践的借鉴价值，本书重点介绍了美国联邦政府 PART 评级模式的案例，PART 评级模式的结果运用机制非常值得我们学习借鉴。另一方面，本书选取 N 大学作为研究对象，就其预算管理现状、模式、问题进行梳理，并对高校全面预算绩效管理实际工作提出相应建议。

第 2 章　全面预算绩效管理实施基础

2.1　委托代理理论

委托代理理论(Principal-Agent Theory)是制度经济学契约理论的主要内容之一,主要研究的委托代理关系是指一个或多个行为主体根据一种明示或隐含的契约,指定、雇佣另一些行为主体为其服务,同时授予后者一定的决策权利,并根据后者提供的服务数量和质量对其支付相应的报酬。授权者就是委托人,被授权者就是代理人。委托代理理论的中心任务是在利益相冲突和信息不对称的环境下,委托人如何设计最优契约激励代理人,即代理问题。①

2.1.1　委托代理理论的产生与发展

委托代理理论最早由美国经济学家伯利(Berie)和米恩斯(Means)于20 世纪 30 年代提出,认为企业所有者兼具经营者的做法存在极大弊端,因此主张所有权和经营权分离,企业所有者保留剩余索取权,而将经营权让渡,由此,委托代理理论成为现代公司治理的逻辑起点。1973 年,罗斯

---

① 周俊男.可追溯性对供应链合作行为的作用机制研究[D].上海交通大学,2017.

(Ross)将委托代理理论的概念从企业扩展到其他组织,形成一般化的理论。[1] 1990年,霍姆斯特姆(Holmstrom)、米尔格罗姆(Milgrom)和弗登伯格(Fudenberg)构建参数化模型,研究了作为代理人的政府官员的约束性、多项工作、雇佣制度优势、资产所有权、专业化分工后指出,在与委托人同样的利率条件下,代理人如果能够自由进入资本市场,所签订的短期合同可以达到与长期合同同样的效果。[2] 随后,萨平顿(Sappington)等提出了重点研究道德风险的委托代理模型。该模型采用贝叶斯方法,引入委托人对代理人的经验环境的概率信息,来研究普遍的委托人与代理人之间的关系与激励问题。[3] 早期的委托代理模型往往针对委托代理中的激励问题,大部分文献仅仅讨论和企业经营管理相关的问题。随着对委托代理理论与模型的深入研究,委托人、代理人针对风险的态度,动态委托代理关系以及多层委托代理关系等内容逐渐成为委托代理理论的主要研究内容。[4]

2.1.2　委托代理理论在我国的应用

随着委托代理理论的不断完善和发展,这一理论也逐渐被应用到我国行政管理领域中。我国行政管理过程存在信息不对称与巨大的资源利益等特征,公共资源的分配对行政管理体系内的代理人即各阶层官员的自律性存在着巨大的挑战,因此出现了行政体系内试图使自身利益最大

---

[1] Stephen. A. and ROSS S. The economic theory of agency: The principal's problem[J]. American Economic Review, 1973, 63: 134 - 139.

[2] FUDENBERG D, HOLMSTROM B, MILGROM P. Short-term contracts and long-term agency relationship[J]. Journal of Economic Theory, 1990, 51(1): 1 - 31.

[3] LEWIS T R, SAPPINGTON D E M. Regualting a monopolist with unknown demand[J]. American Economic Review, 1988, 78: 986 - 998.

[4] 赵蜀蓉,陈绍纲,王少卓.委托代理理论及其在行政管理中的应用研究述评[J].中国行政管理,2014(12):119 - 122.

化的代理人的种种寻租行为,产生代理人问题。

在公共资源分配使用过程中,各利益主体形成了多层次委托代理关系:一是公众与政府之间的委托代理关系。作为公众的代理人,政府理应利用财政资金为社会提供更好更多的公共产品和公共服务,这层委托代理关系的重点是政府实现对公众的承诺,提供公众所需的公共产品和公共服务,公开政府相关预算信息,以接受社会监督。二是政府内部之间的委托代理关系。一方面是财政部门与预算部门(单位)之间的委托代理关系,预算主管部门(单位)作为施行国家职能和资金安排的具体代理人,基于部门扩张冲动,在具体资金执行过程中可能会出现损害委托人(财政部门)利益的行为,重点是财政部门如何有效监督和评价预算部门(单位)的资金使用情况,应用绩效评价结果,以提高财政资金的使用效益;另一方面是责任主体之间的委托代理关系,预算部门负责人的职位晋升以及部门预算的扩张是其努力的主要目标,经办人员作为预算项目实际操作人员,为获取更多的物质奖励(绩效工资等),可能与预算部门负责人利益出现冲突,这层委托代理关系的重点是:预算部门(单位)负责人如何将预算绩效评价结果与个人绩效考核建立联系,从而激励和约束具体经办人员,实现预算绩效的提升。①

公共部门的委托代理关系与企业的委托代理关系具有相似性。在我国,公共资源的初始委托人是全体人民,中央政府和地方政府是"自上而下"的委托代理关系,垂直的人事激励及党政领导的隐性预算干预权力,形成了以地方领导官僚为核心的委托代理关系。在信息具有不完全性并存在利益冲突的环境下,公共资源的委托人将委托代理理论应用到行政管理的进程中,设计最优契约激励代理人和分担风险,这将优化我国的行

① 马海涛,孙欣.全过程预算绩效评价结果应用:理论框架构建[J].经济与管理评论,2021,37(2):95-106.

政管理体制。① 不少学者关于委托代理理论在我国的应用开展了研究，涵盖公共服务、城市规划等多个领域。

杨燕英等（2022）对传统深圳市口岸管养经费保障模式进行了案例研究，其认为，传统直接委托方式的口岸管养服务经费保障模式属于委托代理范畴，政府是委托人，提供服务市场的主体是代理人。该委托代理关系中，由于政府向社会提供公共服务的公益性目标与提供服务市场主体的趋利性目标存在着根本差异，市场主体往往不会具有与政府期望同向而行的内生动力，再加上缺乏竞争压力，导致服务主体尽量压低实际供给成本，低水平提供公共服务，并在资金管理上借助非规范性行为，尽最大可能扩大自身盈利空间，财政投入口岸管养服务资金的使用绩效不佳、公共服务质量难以保障就成为一种必然的结果。可以说这是委托代理关系中最为深层次的问题，是代理人的一种本能冲动行为，也是传统口岸管养服务经费保障模式存在诸多问题的最根本原因。在后续建立新的政府购买服务委托代理关系时，应通过制度建设和机制创新去引导、约束和调整承接主体的目标方向和行为规范。②

唐静和耿慧志（2015）基于委托代理理论，分析了大城市规划管理的三种模式，即垂直型、分权型和半垂直型管理体制，认为这三种管理模式的委托代理关系不尽相同。唐静等认为，我国行政机构运作的委托—代理关系普遍存在于两个授权体系：一个体系是由全体公民（各级人民代表大会）向各级人民政府授权的委托—代理关系体系；另一个为自上而下由中央政府对各级地方政府授权而形成的委托—代理关系体系。可以这样理解，在我国政府行政管理领域存在多个委托人（公民、各级人大及上级

---

① 赵蜀蓉，陈绍刚，王少卓.委托代理理论及其在行政管理中的应用研究述评[J].中国行政管理，2014(12)：119-122.

② 杨燕英，周锐，陈少杰，等.政府购买服务全过程预算绩效管理：一个典型案例的研究[J].中央财经大学学报，2022(4)：119-128.

政府)和对应的多个代理人,委托—代理关系有多个研究的层次。对于前一体系,由各级地方人大作为委托人对同级政府进行委托和监督;在后一授权体系中,上层级政府作为委托人,下层级政府作为代理人,构成公共权力主体和执行主体之间的委托—代理关系。这种委托代理关系引发了诸多问题,如规划整体性缺失、功能混杂、运转失灵等,问题产生的主要原因有委托人和代理人权责不对等、委托人和代理人利益不一致、委托人和代理人信息不对称等。相应地,唐静等认为,制定《城乡规划法》、改革规划管理的外部制度环境、完善规划管理的信息沟通机制、构建权责对等的委托—代理机制或许有助于建立合理的激励和制约机制,从而使得代理人更好地履行职责,并最终实现委托人的利益。[①]

高校中的委托代理关系可以分为两种:一种是以高校学生的家长、资助者等群体为一方,高校为另一方,外部群体通过直接向高校提供学费或资助款项委托高校进行人才培养、科学研究等活动;第二种是公众以缴税的方式委托政府提供高等教育服务,而政府通过向高校提供财政拨款,从而委托高校向公众提供高等教育服务,这其中包含着两重委托代理关系,即公众—政府与政府—高校,但是归根结底,高校实质上是接受公众的委托而提供服务。尽管高校中的两种委托代理关系一种是直接委托,另一种是间接委托,但本质上是一致的,它们实质上都是以公众为一方、高校为另一方的关系,而在这一关系中,高校对公共资金的使用负有绩效责任,必须基于公众的意图和利益而合理、有效和正当地使用公共资金,同时民众需要通过一定的评价指标来了解高校的绩效表现是否符合自身的需求和利益,以此监督高校对资金的使用,避免出现高校效益低下或贪污、腐化、挥霍、滥用等现象。[②]

---

① 唐静,耿慧志.基于委托—代理视角的大城市规划管理体制改进[J].城市规划,2015,39(6):51-58.

② 张媛丽.预算管理视角下的普通高校预算绩效评价研究[D].北京:北京化工大学,2015.

2.1.3 委托代理理论与预算绩效管理

预算绩效管理的实施需要坚实的理论支撑,委托代理理论就起着这样的作用。政府作为社会发展的后盾,承担着满足社会公众需求的责任,社会公众将公共责任委托给政府部门,虽然政府部门的主观愿望是最大限度地完成委托,但是在客观现实(信息不完全、道德风险)的制约下,政府部门做出的代理行为并不总对社会公众有利。尤其是在信息不对称的情况下,委托人处于弱势地位,做出的预算行为也受到信息的影响,这就为代理人的代理行为创造了更大空间,其可以放大自己的利益而使社会公众的利益受到损害。

为了避免上述情况的出现,就必须加强政府部门的内部控制,即强化社会公众对财政绩效的监督。例如,充分发挥绩效评价的作用,以此将代理人对委托人绩效目标实现的情况反映出来。

1. 预算绩效应该体现公众的利益

之所以要求政府公共部门以目标为导向进行绩效预算,就是为了确保公众利益的最大化实现。作为委托人,公众可以通过"对结果负责"的制度,一方面奖励代理人的绩效目标实现行为,另一方面惩罚代理人绩效目标未达成的行为。与此同时,为了进一步缓解信息不对称的情况,绩效预算还要求公共部门进行报告,即一种由预算部门向财政部门、政府向议会和公众报告的制度,这样,代理过程中可能出现的代理人机会主义行为就能够得到避免,委托人的利益也实现了最大化。

2. 提高预算绩效有利于减少"败德"行为

代理过程中"败德"行为的减少也有赖于预算绩效的提高,因为绩效的提高意味着代理人需要付出更多的努力才能达成绩效目标。对于绩效预算而言,预算支出绩效评价是其核心,通过评价可以获知代理人对委托人绩效目标的实现状况,实现得好可以得到奖励,若没有实现则要受到惩罚。另外,公共部门报告制度实行的前提就是汇总绩效信息,这些信息的来源就是预算支出绩效评价。

3. 委托代理理论体现了购买论思想

政府财政支出的目的从来都不是养机构或者养人,而是为了干事,为了更好地满足社会公众的需求,促进社会的发展。基于委托代理理论,政府部门或单位受到公众的委托,成为公共事务的受托人,预算的绩效可以视为代理成本,而绩效评价则代表着委托人的一种监督权利。[①]

2.2　公共产品理论

公共产品理论所指的理论是新政治经济学的一项基本理论,也是指正确把握处理新形势下政府资源与社会市场关系、政府职能加快转变、构建优化公共产品财政收支、公共产品服务的市场化关系的基础理论。

2.2.1　公共产品理论的产生与发展

公共产品理论研究的主要发展及源头,最早可以一直追溯到欧洲古

---

① 靳光玫,陈原.预算绩效管理理论研究与案例解读[M].长春:吉林大学出版社,2022:1.

典经济学派,以古希腊大卫·休谟的关于"公共草地排水"的经济学分析思想和古希腊亚当·斯密学派关于由政府具体执行的三项主要国家职能等分析理论著作为重要代表。

1739 年,哲学家大卫·休谟在其主要著作的《人性论》书中第一次提出了一种"搭便车"社会现象,并在此书正文中第一次讨论出了个人如何正确处理超越于个人利益本身的具有公共性价值的社会性问题,在该书前言中有关于对这个社会学问题的具体描述,被后人总结命名为"集体消费品"问题。休谟认为,在人类某些只能靠集体意志完成的事情过程中,因人自利的天性,只有倚靠于国家统治者和公共官员才能保证每个参与人不得不严格遵守法则。他后来还专门举到了一个著名的"公共草地排水"的例子来说明公共产品利益得到维护和政府充分参与社会活动的现实必要性。休谟的主要论述内容不仅集中表明了人类在对于公共财产利益目标的共同追求实践中的个人利益的历史局限性和社会政府力量的政治优越性,而且作者还重点分析了经济共同体的组织规模结构对个人共同财产利益取得的巨大影响,并首次初步明确涉及了社会交易的成本结构和社会群体价值博弈关系的哲学思想。继原作者大卫·休谟之后,作者亚当·斯密于 1776 年发表的最新一部著作《国富论》中第一次系统地对由地方政府负责提供公共产品的各主要社会职能问题一一进行分析,做了又一次的更加系统详尽而深入和具体细致的全面系统分析,集中全面阐述并探讨了负责提供公共产品政府服务的各主要组织类型、提供方式、资金来源、公平性标准等其中各个重要问题方面。虽然承认公共产品在完全没有政府的情况下难以较好地提供,但亚当·斯密作为古典经济学的代表人物,和休谟都是崇尚自由主义的鼻祖,他认为政府只需充当"守夜人",仅提供最低限度的公共服务即可。

到 20 世纪 50 年代,萨缪尔森完成了对公共产品的经典定义,也是其对公共产品理论领域的杰出贡献,确定了现代公共产品理论的正式形成。在萨缪尔森之前,古典学派的经济学家研究公共产品是从市场失灵、政府职能等问题入手的;而奥意学派和瑞典学派的学者虽然提出了共同消费、成本分摊等公共产品的特点,并且试图揭示其消费与所承担的税收之间的联系,但是,萨缪尔森是第一个能够严格区分私人产品和公共产品、提出了纯公共产品定义的经济学家。此外,其还对私人产品和公共产品最优供给的局部均衡和一般均衡进行了分析,发展了诸如征税效率、公平分配和效率的兼顾等问题的研究。

一般认为,现代经济学对公共产品的研究是从新古典综合派的萨缪尔森开始的。他在 1954 年和 1955 年发表在《经济学与统计学评论》上的两篇文章——《公共支出的纯理论》和《公共支出理论图解》举世闻名。在《公共支出的纯理论》中,萨缪尔森对公共产品的定义成了经典。为了严格表述公共产品的概念,萨缪尔森借助于数学工具,起初对私人产品和集体消费产品即公共产品进行了严格的区分,采用"公共产品—私人产品"的严格二分法。但在第二年的《公共支出理论图解》中又建议将之前他的定义作为极端情形来看待,承认大多数的公共产品都不是纯公共产品,诸如教育、法庭、公共防卫等,都存在某些"收益上的可变因素,使得某个市民以其他成员的损失为代价而收益"。萨缪尔森对于公共产品的定义虽然之后一变再变,但是非竞争性这一公共产品的基本属性已经被比较明确地提了出来,其不可分割性也被突出强调了。

萨缪尔森还分别进一步对私人产品和公共产品中存在的最优化的供给及需求的均衡分配等几个问题进行了实证及比较性分析。公共产品无法像私人产品一样可以通过竞争性的市场定价机制找到供给均衡点,萨缪尔森假定存在着很有洞察力的人(伦理上的观察者),知道个人的偏好函数,以此来解决公共产品个人偏好的显示问题。萨缪尔森总结公共产品的最优化供给均衡点,即公共产品有效定价原则为个人价格总和等于边际成本,政府可根据个人从公共产品消费中的边际收益对他们征税。[①]

2.2.2 公共产品理论的内容

1. 公共产品

根据公共经济学理论,社会产品分为公共产品和私人产品。按照萨缪尔森在《公共支出的纯理论》中的定义,纯粹的公共产品或劳务是这样的产品或劳务,即每个人消费这种物品或劳务不会导致别人对该种产品或劳务消费的减少。公共产品或劳务具有与私人产品或劳务显著不同的三个特征,即效用的不可分割性、消费的非竞争性和受益的非排他性。

效用的不可分割性是指,公共物品是向整个社会提供的,具有共同受益与消费的特点,其效用为整个社会的成员所共同享有,不能将其分割为若干部分并分别归某个人或者集团享有。如国防就是典型的公共物品,国防提供的安全保障是面向国内所有人的,只要生活在本国境内,任何人都无法拒绝这种服务,同时,也不可能将拒绝接受此项服务的人与在市场上为此项服务付款的人区别开来。消费的非竞争性有两方面含义:① 边际成本为零。这里所述的边际成本是指增加一个消费者对供给者带来的边际成本,例如增加一个电视观众并不会导致发射成本的增加。② 边际拥挤成本为零。每个消费者的消费都不影响其他消费者的消费数量和质量。如国防、外交、立法、司法和政府的公安、环保、工商行政管理以及从

[①] 贾晓璇.简论公共产品理论的演变[J].山西师大学报(社会科学版),2011,38(S2):31-33.

事行政管理的各部门所提供的公共产品都是属于这一类,不会因该时期增加或减少了一些人口享受而变化。此类产品增加消费者不会减少任何一个消费者的消费量,增加消费者不增加该产品的成本耗费。它在消费上没有竞争性,属于利益共享的产品。受益的非排他性是指某些产品投入消费领域,任何人都不能独占专用,而且要想将其他人排斥在该产品的消费之外,不允许他享受该产品的利益,是不可能的,所有者如果一定要这样办,则要付出高昂的费用,因而是不合算的,所以不能阻止任何人享受这类产品。例如:环境保护中,清除了空气、噪声等污染,为人们带来了享受新鲜空气和安静环境,如果要排斥这一区域的某人享受新鲜空气和安静的环境是不可能的,在技术上讲具有非排他性。

公共产品可分为纯公共产品和准公共产品(即混合品两类)。一般说来,纯公共产品是指那些为整个社会共同消费的产品。严格地讲,它是在消费过程中具有不可分割性、非竞争性和非排他性的产品,是任何一个人对该产品的消费都不减少别人对它进行同样消费的物品与劳务。准公共产品是指具有有限的非竞争性或有限的非排他性的公共产品,它介于纯公共产品和私人产品之间,相对于纯公共物品而言,它的某些性质发生了变化。有些准公共物品的使用和消费局限在一定的地域中,其受益的范围是有限的,如地方公共物品(并不一定具有排他性);准公共物品是公共的或是可以共用的,一个人的使用不能够排斥其他人的使用。然而,出于私益,它在消费上却可能存在着竞争。由于公共的性质,物品使用中可能存在着"拥挤效应"和"过度使用"的问题,这类物品如地下水流域与水体资源、牧区、森林、灌溉渠道等。另一类准公共物品具有明显的排他性,由于消费"拥挤点"的存在,往往必须通过付费才能消费,它包括俱乐部物品、有线电视频道和高速公路等。对于准公共产品的供给,在理论上应采取政府和市场共同分担的原则。

2.2.3　公共产品理论与预算绩效管理

根据公共产品最佳供给的一般均衡分析可知,政府提供公共产品的最佳产出数量和结果要求是有理论约束的。政府预算绩效管理的首要任务就是要确定合理的预算支出绩效目标,制订预算绩效计划和战略,从而在实践层面上最大限度地实现公共产品的最佳供给,这就需要考虑政府部门应该规划多大的产出规模和实现怎样的结果目标。根据公共产品最佳供给的一般均衡理论,合理的预算绩效产出规模和结果目标设计应该汇集尽可能多的消费者和相关利益主体,虽然达成一致意见很困难,但这种公开、透明、多方参与、"顾客导向"的制度理念和运作方式,有助于真实地反映出人们各自对于特定公共产品需求的边际效用倾向,从而汇总确定绩效产出数量和结果指标的调整。当然,这里也要考虑到"搭便车"等现象对核定绩效目标的影响。

政府失灵,是指个人对公共物品的需求在现代化代议制民主政治中得不到很好的满足,公共部门在提供公共物品时趋向于浪费和滥用资源,致使公共支出规模过大或者效率降低,政府的活动或干预措施缺乏效率,或者说政府做出了降低经济效率的决策或不能实施改善经济效率的决策。在公共经济领域或公共财政领域,"政府失灵"即政府预算制定的财政支出规模、支出结构偏好以及支出项目的社会经济效率长期与计划目标明显偏离,甚至较大背离民众(立法者)的要求。政府预算绩效管理改革正是针对以上造成"政府失灵"的原因而采取的对策措施,作为政府预算管理制度改革的一种路径选择,其核心思想是将传统的支出控制型预算管理转向以产出和结果为导向的预算管理模式,从而更加强调政府预算支出的效率和目标结果。政府预算绩效管理之所以有助于克服"政府失灵"问题,在于科学的预算管理至少可以发挥三种积极作用:一是为政府财政活动提供尽可能充分、可靠的信息;二是为政府财政活动确定行为框架;三是对财政活动中政府交易活动施加重要影响,保证公共政策的有效贯彻。正如詹姆斯·布坎南在强调预算制度改革的重要性时指出的,"制度研究的全部意义在于确保各种约束、制度和机构能降低自私的政治行为的重要性"①。

2.3　公共选择理论

公共选择理论(Public-Choice Theory)是现代微观经济学的一个重要分支,同时也是一个极重要的现代政治学研究领域,运用经济学的逻辑和方法来研究政治决策机制如何运作。

2.3.1　公共选择理论的产生和发展

公共选择理论的产生与当时的时代背景是密切相关的。在 20 世纪30 年代,由于西方市场经济的"萧条",对市场经济制度的不满情绪广为传播,西方经济学领域兴起了福利经济学和凯恩斯经济学,为国家干预经济提供了理论基础,美国等一些国家逐渐加强了政府对经济市场的干预。第二次世界大战爆发后,由于战时需要,大多数国家的产品和服务有三分之一甚至二分之一以上都是由政府分配,而不是通过市场来分配的。然而,当时的主流经济学家的注意力仍集中于对市场层面的解释和说明,没有人关注政治—集体决策(Political-Collective Decision Making)。在政

---

① 孙克竞.公共经济学视角下的政府预算绩效管理改革[J].财政监督,2009(1):29-31.

治科学领域,情况也大致如此。此时,迫切需要一种建立在可证伪的前提假设基础之上的理论来解释已日渐重要的政治—集体决策。公共选择理论就是在这样的时代背景下应运而生的。[①]

公共选择理论诞生于 20 世纪 60 年代初,位于美国弗吉尼亚州弗吉尼亚大学的托马斯·杰斐逊中心。美国学者沃伦·纳特与詹姆斯·布坎南在 1957 年创办该中心的最初目的,是为了研究政治经济学与社会哲学,特别注重对以个人自由为基础的社会秩序的研究。

1963 年,布坎南与另一位学者戈登·塔洛克在弗吉尼亚州的夏洛茨维尔又创立了"非市场决策制定委员会",以促进人们对非市场决策经济理论的研究。随后出版了《非市场决策论文集》。刚开始时影响并不大,1966 年至 1967 年出版的前三期论文集总发行量不过 300 份。1968 年,"非市场决策制定委员会"改名为公共选择协会,并正式编辑出版了该协会的机关刊物《公共选择》杂志。这时,有关的研究成果才开始受到经济学与政治学学术界的关注,《公共选择》杂志的发行量也迅速上升。詹姆斯·布坎南是公共选择研究领域著述最多、影响最大的学者,并因为他在公共选择理论研究方面的杰出贡献而于 1986 年获得诺贝尔经济学奖。正是由于布坎南的获奖,公共选择理论在西方学术界的地位得到迅速提升。[②]

2.3.2　公共选择理论的内容

公共选择理论运用经济学的分析方法,分析现实生活中与我们密切相关的政治个体(选民与政治家)的行为特征以及由此引出的政治团体,

---

① 阮守武.公共选择理论及其应用研究[D].中国科学技术大学,2007.
② 赵呐.20 世纪美国联邦法院司法决策研究[D].中南财经政法大学,2021.

特别是政府的行为特点。它讨论了诸如民主选举议员、州长、国家总理或总统等集体决策行为的特点,并以人的自利为出发点,来解释为什么政府部门会普遍性地存在官僚作风,政府的政策会一再出现偏差以及其他政府方面的原因导致的社会资源的浪费等。[①]

公共选择理论沿用"经济人"假设,以严格的"自利"措辞来塑造所有公共选择者(选民、政治家、官僚等),以此为基点,把政治舞台模拟为一个经济学意义上的市场,分析个人在政治市场上对不同的决策规则和集体制度的反应(即公共选择问题),以期阐明并构造一种真正能把个人的自利行为导向公共利益的政治秩序。

公共选择理论与传统行政科学在视角和内容上的差异主要体现在方法论选择上的不同,传统行政科学采用政治学的方法,而公共选择理论主张采用经济学方法。按照公共选择理论的主要代表人物布坎南的说法,这种研究方法体现在三个方面,即个人主义的方法论、经济人假说和经济学的交易论:第一,个人主义的方法论。传统行政科学始终把组织及其由职位构成的整体作为研究考察的对象,把他们看作是不可分割的有机整体,并以此为基础来研究其政治过程。认为国家利益、社会公共利益是完全独立于个人利益的,国家和政府是代表整个社会利益的唯一决策单位。与此相反,公共选择的个人主义方法论则认为,人类的所有行为,不论是政治行为还是经济行为,都应从个人角度去寻找原因。个体是群体的基本细胞,是决策的基本单位,个体行为的集合构成集体行为。第二,经济人假说。传统行政科学研究的前提是把政府及其官员从整体上看作一心为公、不为私利的利他主义者。所有其他研究都是在此基础上进行延伸。而公共选择理论把人看作是有理性的利己主义者,不论他处于什么位置,人的本性都是一样的,其基本动机都是谋求个人利益的最大化,一直到这

---

① 任春国.价格听证会制度在理论层面和实践层面的冲突与平衡[D].山东大学,2007.

种追求受到抑制为止。公共选择理论以这一假说来说明政府及其官员的行为动机,指出政府及其官员所追求的并不是公共利益,而是自身的利益及其最大化。第三,经济学的交易论。传统行政学研究的是政治家及官员对公共政策的选择活动,是一种非盈利的公务活动,其任务是保证公共政策的效率和公平,从这一意义上看,它是一个选择过程。而公共选择理论从经济领域里人与人的交换关系出发,认为政治领域和经济领域一样,其活动是党派和国家各要素之间以及组成集团的个体之间,出于自利动机而进行的一系列交易过程。[①]

2.3.3　公共选择理论和预算绩效管理

作为当代公共财政的理论基础,公共选择理论认为,公共财政模式的本质内涵是建立公共选择机制,由公共选择机制形成公共意志,再由政府代理执行。政府的财政收支行为必须体现公共意志的要求,反映公共利益。在这样的理念下,政府必须设法找到符合公众选择目标取向的、提高公共资金有效性的途径。对政府公共支出实行绩效管理是民众的选择,也是政府与社会各方的选择,是公共选择在预算管理领域的必然结果。由此,引入全面预算绩效管理,既可将其作为政府绩效管理的重要一环被广泛接受,也可推进人大、财政部门等相关预算利益主体"全方位"介入政府预算管理活动。公共选择理论成为全面预算绩效管理生成的理论基石。[②]

①　徐增辉.新公共管理研究[D].长春:吉林大学,2005.
②　姜竹,何雨莹.全面预算绩效管理:理论渊源、技术要求及信息披露[J].经济研究参考,2019(12):97-103.

2.4　新公共管理理论

学术界对于新公共管理(New Public Management,NPM)没有准确的概念,它既指一种试图取代传统公共行政学的管理理论,又指一种新的公共行政模式。新公共管理理论是当代国外行政改革的主要理论基础,主张在政府公共部门采用私营部门成功的管理方法和竞争机制,重视公共服务效率,强调在解决公共问题、满足公民需求方面增强有效性和回应力,强调自上而下的统治性权力与自下而上的自治性权力交互,强调政府与公民社会的协商与合作,强调政府低成本运作,强调公共服务的质量和最终结果,强调引进企业管理的若干机制和方法来改革政府,强调顾客第一和消费者主权,强调政府职能简化、组织结构"解科层化"、作业流程电子化。

2.4.1　新公共管理理论的产生和发展

20世纪70年代后,在福利国家管理危机的冲击下,强调秩序、精密、明确的官僚制已成为机构臃肿、浪费严重和效率低下的代名词,传统科层体制的公共行政已经不能适应迅速变化的信息社会的发展,无法解决政府所面临的日益严重的问题。鉴于此,公共行政理论界和实务界试图摆脱传统管理主义对官僚机构的倚重,转而更多地通过经济理性主义的途径赋予管理主义新的释意,这些持续的探索最终引发了一股全球性的公共行政改革浪潮,被称为"新公共管理"运动。①

---

①　王宝成.新公共服务范式——管理主义的替代性范式[J].科教文汇,2006(03):168.

这场改革运动始于英国,然后席卷全球。从美国的"重塑政府"运动到英国的"宪章运动";从新西兰的"全面民营化"到德国的"苗条国家"改革以及其他西方国家普遍实行的以市场为导向的行政改革措施,都在不同程度上实践着新公共管理理论,体现新公共管理理论的诸般特征。英国学者胡德指出,新公共管理并不只是英国单独发展起来的,而是20世纪70年代中期以后公共管理中出现的一种显著的国际性趋势。第二次世界大战以后,西方国家的发展经历了一段黄金时期。然而到了20世纪60年代末纷纷从发展高峰跌入危机的深谷,面临一系列困境。这些困境包括:① 政府角色膨胀和规模扩大引起民众的不满,② 经济衰退和财政压力的加剧,③ 社会问题与政府不可治理性的增加,④ 新右派学说与保守主义政治意识形态的巨大影响。而科技革命和全球化浪潮是当代西方政府改革的另一个动因。传统的官僚体制的失效和商业管理模式的示范性影响是当代西方新公共管理运动产生和发展的催化剂。①

2.4.2 新公共管理理论的内容

传统公共行政的理论基础是以威尔逊、古德诺的政治与行政的二分法和以韦伯的科层制理论为基础的官僚组织理论,新公共管理的理论基础不同于传统公共行政,新公共管理的理论基础主要是公共选择理论、新制度经济学理论和私营企业的管理理论与方法。与传统行政模式将公共行政的管理方法局限于政治规则不同,新公共管理模式着力于经济规则。根据中西方行政学者们的论述,新公共管理理论的基本思想可以做如下概括。

1. 政府的管理职能是"掌舵"而不是"划桨"

与传统公共行政管理中政府只是收税和提供服务不同,新公共管理

---

① 谭静,冯琳,郑中华.新公共管理与新公共服务理论比较[J].学习月刊,2009(04):19-20.

主张政府在公共行政管理中应该只是制定政策而不是执行政策，即政府应该把管理和具体操作分开，政府只起"掌舵"的作用而不是"划桨"的作用。这样做的好处是可以缩小政府的规模，减少开支，提高效率。"'掌舵'的人应该看到一切问题和可能性的全貌，并且能对资源的竞争性需求加以平衡。'划桨'的人聚精会神于一项使命并且把这件事做好。'掌舵'型组织机构需要发现达到目标的最佳途径。'划桨'型组织机构倾向于不顾任何代价来保住他们的行事之道。"因此，有效的政府并不是一个"实干"的政府，不是一个"执行"的政府，而是一个能够治理并且善于实行"治理"的政府。

2. 政府服务以顾客或市场为导向

新公共管理从公共选择理论中获得依据，认为政府应以顾客或市场为导向，从而改变了传统公共行政模式下的政府与社会之间的关系，对政府职能及其与社会的关系重新进行了定位。新公共管理理论认为，政府的社会职责是根据顾客的需求向顾客提供服务。"市场不仅在私营部门存在，也在公共部门内部存在。"于是在新公共管理中，政府不再是凌驾于社会之上的、封闭的官僚机构，而是负有责任的"企业家"，公民则是其"顾客"或"客户"，这是公共管理理念向市场法则的现实回归。"企业家"在新公共管理思想中有其特殊的含义，作为"企业家"的政府并非以营利为目的，而是要把经济资源从生产效率较低的地方转移到效率较高的地方。因此，企业家式的政府应该是能够提供较高服务效率的政府。为了实现这一目标，政府服务应该以顾客需求或市场为导向。对公共服务的评价，应以顾客的参与为主体，注重换位思考，通过顾客介入，保证公共服务的提供机制符合顾客的偏好，并能产出高效的公共服务。

3. 广泛采用授权或分权的方式进行管理

政府组织是典型的等级分明的集权结构，这种结构使得政府机构不能对新情况及时做出反应。由于信息技术的发展趋势，加快决策的压力猛烈地冲击着政府的决策系统，政府组织需要对不断变化的社会做出迅速的反应。企业界经理采取分权的办法，通过减少层级、授权和分散决策权的办法迅速做出反应，从而有效地解决问题。因此，政府也应该通过授权或分权的办法来对外界变化迅速做出反应。政府应将社会服务与管理的权限通过参与或民主的方式下放给社会的基本单元，即社区、家庭和志愿者组织等，让他们自我服务、自我管理。奥斯本和盖布勒说："当家庭、居民点、学校、志愿组织和企业公司健全时，整个社区也会健康发展，而政府最基本的作用就是引导这些社会机构和组织健康发展……那些集中精力积极'掌舵'的政府决定其社区、州和国家的发展前途。它们进行更多的决策。它们使更多的社会和经济机构行动起来。"这是因为，健康而有活力的社会基本单元构成健康而有活力的国家。新公共管理理论认为，与集权的机构相比，授权或分权的机构有许多优点，如：比集权的机构有多得多的灵活性，对于新情况和顾客需求的变化能迅速做出反应；比集权的机构更有效率；比集权的机构更具创新精神；能够比集权的机构产生更高的士气、更强的责任感、更高的生产率等。

4. 广泛采用私营部门成功的管理手段和经验

与传统公共行政排斥私营部门管理方式不同，新公共管理理论强调政府广泛采用私营部门成功的管理手段和经验，如重视人力资源管理，强调成本—效率分析、全面质量管理、降低成本和提高效率等。新公共管理理论认为，政府应根据服务内容和性质的不同，采取相应的供给方式。政府可以把压人的官僚组织分解为许多半自主性的执行机构,特别是把商业功能和非商业功能分开,决策与执行分开;移植私营部门的某些管理办法,如采用短期劳动合同、开发合作方案、签订绩效合同以及推行服务承诺制;主张全面的货币化激励,不过分主张传统的道德、精神、地位和货币等因素的混合以及单一的固定工资制的激励机制。特别是主张对高级雇员的雇用实施有限任期的契约,而不是传统的职位保障制。

5. 在公共管理中引入竞争机制

传统的观念认为,微观经济领域应该由私营企业承担,而公共服务领域则应该由政府垄断。与传统公共行政排斥私营部门参与管理不同,新公共管理理论强调政府管理应广泛引进竞争机制,取消公共服务供给的垄断性,让更多的私营部门参与公共服务的供给,通过这种方式将竞争机制引入政府公共管理中,从而提高服务供给的质量和效率。之所以需要引入竞争,是因为竞争可以提高效率,即投入少产出多;竞争迫使垄断组织对顾客的需要做出反应;竞争奖励革新;竞争提高公营组织雇员的自尊心和士气。因此,政府为了高效地实现公共服务的职能,应该让许多不同的行业和部门有机会加入提供服务的行列中。

6. 重视提供公共服务的效率、效果和质量

传统政府注重的是投入,而不是结果。由于不衡量效果,所以也就很少取得效果,并且在很多情况下,效果越差,投入反而越多。新公共管理理论根据交易成本理论,认为政府应重视管理活动的产出和结果,应关心公共部门直接提供服务的效率和质量,应能够主动、灵活、低成本地对外界情况的变化以及不同的利益需求做出反应。因此,新公共管理理论主张政府管理的资源配置应该与管理人员的业绩和效果联系起来。在管理和付酬上强调按业绩而不是按目标进行管理,按业绩而不是按任务付酬。

在对财力和物力的控制上强调采用根据效果而不是根据投入来拨款的预算制度,即按使命做预算、按产出做预算、按效果做预算和按顾客需求做预算。

7. 放松严格管制,实施明确的绩效目标控制

新公共管理理论反对传统公共行政重遵守既定法律法规、轻绩效测定和评估的做法,主张放松严格的行政规制,实行严明的绩效目标控制,即确定组织、个人的具体目标,并根据绩效目标对完成情况进行测量和评估。他们认为,虽然任何组织都必须具有规章才能运行,但是过于刻板的规章则会适得其反。他们认为,企业家式的政府是具有使命感的政府。它们规定自己的基本使命,然后制定能让自己的雇员放手去实现使命的预算制度和规章,放手让雇员以他们所能找到的最有效的方法去实现组织的使命。有使命感的组织比照章办事的组织的士气更高,也更具有灵活性和创新精神,从而更有效率。

8. 公务员不必保持中立

在看待公务员与政务官员关系的问题上,新公共管理与传统公共行政存在着明显的分歧。传统公共行政强调政治与行政的分离,强调公务员保持政治中立,不参与党派斗争,不得以党派偏见影响决策等。新公共管理理论则认为,鉴于行政所具有的浓厚的政治色彩,公务员与政务官员之间的相互影响是不可避免的。因此,与其回避,倒不如正视这种关系的存在。基于这种看法,新公共管理理论主张对部分高级公务员实行政治任命,让他们参与政策的制定过程并承担相应的责任,以保持他们的政治敏锐性。在新公共管理者看来,政策制定与政策执行不应截然分开。正视行政机构和公务员的政治功能,不仅能使公务员尽职尽责地执行政策,还能使他们以主动的精神设计公共政策,使政策

能更加有效地发挥其社会功能,这体现了新公共管理者重视激励、鼓励公民参与的取向。

新公共管理模式起因于传统行政管理模式的失效,这种前提决定了新公共管理模式必然对传统行政模式进行反叛和否定。从人性假设的颠覆到管理方式上的变革,从"权威的组织"到为顾客提供服务的"企业家",新公共管理呈现出与传统行政管理完全不同的特点。总之,作为一种思潮与实践模式,新公共管理可以被描述为一种追求"3E",即 Economy(经济)、Efficiency(效率)和 Effectiveness(效益)的运动。不管对其具体内容有多少种不同的表述,基本内容都可以被界定为强调使用私人部门管理的理论、原则、经验、方法和技术,引入市场竞争机制,注重结果或绩效管理而非过程管理,提倡顾客导向和改善服务质量。[①]

2.4.3　新公共管理理论与预算绩效管理

新公共管理改变了传统公共模式下的政府与社会之间的关系,"新公共管理"站在"企业化政府"的高度上,将社会公众与政府的关系定位为新型的"公共受托责任"关系。它认为,政府公务人员应该是负责任的"管理人员",社会公众则是提供政府税收的"纳税人"和享受政府服务作为回报的"顾客"或"客户",政府服务应以顾客为导向,应增强对社会公众需要的响应力。政府应广泛采用私营部门成功的管理方法和手段(如成本—效益分析、全面质量管理、目标管理等),重视竞争机制,取消公共服务供给的垄断性,对某些公营部门实行私有化,让更多的私营部门参与公共服务的供给,通过扩大对私人市场的利用以替代政府公共部门。此外,新公共管理更加重视政府活动的产出和结果,重视提供公共服务的效率和质量。

---

① 彭未名,邵任薇,刘玉蓉,等.新公共管理[M].广州:华南理工大学出版社,2007.

针对预算收支活动特别是支出活动,其绩效评价是实现政府"企业化管理"的关键技术。预算绩效评价的引入提高了政府整体受托责任,扩大了评估政府财政状况和行政能力的信息范围,政府管理者将借助财政支出分配和使用的评价信息,来制定合理的政策目标、预算和活动计划,并对具体项目和行为的可行性和合理性做出理性决策,以引导政府资源的合理流动和运行。再者,新公共管理反对传统公共行政重既定法律法规、轻绩效测定和评估的做法,主张放松严格的行政规制,而实现严明的绩效目标控制,即确定组织、个人的具体目标,并根据目标完成情况进行测量和评估。

这种以引入市场竞争机制、提高公共管理水平及公共服务质量为特征的"新公共管理"实践,成为当代西方政府改革最基本的趋势。以绩效为本、结果导向的政府绩效预算改革,采取了以公共责任和顾客至上为理念的公共预算改革策略,提高了政府公共管理和公共服务能力,成为持续改进和提高政府部门绩效的公共预算新模式,正是在新公共管理,在提高公共部门行政效果、降低行政成本、化解公共危机、实施政府再造、落实政府责任、改进政府管理、提高政府效能、改善政府形象等观念的指引下,西方各国纷纷开始反思传统预算管理制度并主导了一场全球预算的改革浪潮。改革内容主要有:① 在战略性法律文件中指明提高公共服务的质量是绩效预算改革的指导方向;② 通过签订绩效合同,预算支出绩效评估逐步由控制预算转向服务预算;③ 通过公开预算评价结果,注重公众对预算改革的反馈,形成预算的回应性。借鉴西方国家预算绩效改革的经验和实施路径,中国预算绩效改革的价值取向必然是通过在预算中的引入绩效评价,提高政府提供公共服务的能力。在观念上实现从"经济建设型政府"向"公共服务型政府"的转变,从"审批型政府"向"服务型政府"转变;在职能上实现监督控制向服务效能的转变;尽快按照公共服务型政府的要求,改变以前以 GDP 为取向评价政府和官员的业绩,建立以公共服务绩效管理为取向的管理体系，强化政府的社会服务功能，为经济发展提供优质服务。[①]

2.5 教育成本分担理论

教育成本分担理论以对高等教育价值的科学认识为基础，认为高等教育成本应当由纳税人（通过政府）、家长、学生及社会人士（通过捐赠）共同分担。

2.5.1 教育成本分担理论的产生与发展

1986 年，美国著名教育经济学家约翰斯通（Johnstone）在其发表的论文《高等教育成本分担金融与政策》(The Finance and Politics of Cost Sharing in Higher Education)中首次提出高等教育的成本分担理论(Sharing the Costs of High Education Theory)。该理论认为高等教育成本应当由纳税人（通过政府）、家长、学生及社会人士（通过捐赠）共同分担。这一理论目前已被世界各国政府和学术界普遍接受并认同，其明显的特征就是学生及其家长缴付学费的金额及占教育成本的比例，都呈现为逐年上升的趋势。[②]

① 邢天添.新公共管理视野下的绩效预算改革[J].郑州大学学报（哲学社会科学版），2007(3)：65－67.
② 柴效武，余中国.教育成本分担理论评析[J].教学研究，2004(02)：117－119.

2.5.2 教育成本分担理论的内容

公共部门经济学认为,高等教育虽然在未达到拥挤的前提下具有一定的非竞争性,但又具有排他性,不是纯粹的公共品而是准公共品。同时高等教育的收益虽然具有很大的正外部性,社会收益大于个人收益,但接受高等教育者从中得到的收益,如好的薪水、职位等,是完全可以内部化的,高等教育的个人收益也是明显的。这就决定高等教育的成本,若单独由国家负担则会出现高等教育的供给不足,单独由个人负担则会使大量低收入者被排斥在高等教育之外,而应该由国家和个人共同分担。就实践来看,当今世界,除一些高福利国家(如瑞典)和特殊国家(如朝鲜)的高等教育实行免费外,世界绝大多数国家和地区的高等教育成本都实行国家和个人分担,在这个分担机制中国家是负担高等教育的主要部分。①

约翰斯通认为,教育成本的分担有六种形式:① 初始学费,适用于以前实行免学费的高等教育学校;② 大幅上涨的学费,适用于以前收取低廉学费的学校;③ 住宿费和生活费,适用于以前提供免费食宿或者低廉收费的学校;④ 奖学金、助学金的减少,实际上是变相地将教育成本部分转嫁到受教育者身上;⑤ 助学贷款的增加,鼓励受教育者用未来的预期收入来支付现期的教育费用;⑥ 减少政府补贴,鼓励私人部门或者个人的捐赠。由社会私人部门发起的教育基金,或者机构个人捐赠,应当成为教育资金的重要来源之一。②

---

① 范润芳.我国高校筹资存在的问题及对策分析[D].兰州大学,2008.
② 柴效武,余中国.教育成本分担理论评析[J].教学研究,2004(2):117–119.

2.5.3 教育成本分担理论与预算绩效管理

中国高等教育投入实行以财政拨款为主、其他多种渠道筹措经费为辅的体制。高校预算最初只包括国家教育事业拨款,而高校自身组织的各项收入与支出还没有完全列入预算管理,因而这种预算不能全面反映学校财务状况和收支情况。对此有学者建议实行高等教育"全面预算管理体系",左晴(2000)认为,高校建立全面预算绩效管理要以支出控制为基础,以资金管理为中心,建立健全各级经济责任制,专业管理与群众管理相结合。① 马陆亭(2006)在考察了美国高等教育预算制度发展历程后,建议我国高等教育预算实行细化会计核算、建立专项绩效预算、建立预算约束等机制。近年来,政府拨款总量快速上涨,但其在高等学校总收入中的相对份额却不断下降。今后增加经费的重点是除学费外的其他社会投入。研究型大学要努力增加科研收入、地方高校要多开展社会服务活动,努力使捐赠成为大学经费来源的一个重要增长点。在继续发挥政府财政拨款主渠道作用方面,需要进一步改革高等教育拨款模式,加强对中央财政专项经费的绩效管理,积极推动省级财政按有关生均标准对地方高校进行拨款;在有效调整高等学校自身吸引社会投入的政策方面,高校要树立成本意识,同时,大力发展民办教育以增加高等教育的投入。②

① 左晴.谈加强高校预算管理[J].辽宁教育研究,2000(S1):103–105.

② 马陆亭.试析我国高等教育投入制度的改革方向[J].高等教育研究,2006(7):51–56.

第3章　全面预算绩效管理历史沿革

3.1　全面预算绩效管理"国外高校模式"回顾

3.1.1　国外高校绩效预算改革发展历程

回顾现代预算发展史,绩效预算一直是公共管理领域中一项非常重要的课题。从20世纪80年代开始,为顺应国际趋势和国内形势需要,一些西方国家纷纷加强并推行了政府绩效管理改革,进而推动了绩效预算的实施,在提高公共资金使用效率、改进政府部门绩效等方面取得了明显效果,并被一些国家所效仿,逐渐成为财政管理改革的发展方向。本节将主要介绍美国、英国和澳大利亚的预算绩效改革历程。

美国的绩效预算经历了起源探索、发展改革和成熟完善三个阶段,在不断的发展中实现了从"绩效预算"到"新绩效预算"的跨越。1906年,在美国纽约市政研究院的推动下,政府引入科学管理方法和经济准则,由此开始了绩效测评相关研究。20世纪30年代,美国田纳西流域管理局和美国农业部开始采用绩效预算方法提高工作效率。[①] 1949 年,胡佛委员会(The Hoover Commission)在《预算与会计报告》中提出关于预算方式的新思路:"新的预算方式应该关注如何帮助实现政府的公共目标而不是简单关注于支出分类",首次将预算编制工作的重心由对支出分类的关注转向对支出成果的关注,同时期,美国公共管理与预算办公室(Office of Management and Budget,OMB)对绩效预算进行了比较精辟的定义:绩效预算之下,请求拨款是为了达到某种目标,为实现这些目标而拟定需要花费多少钱的计划,以及用哪些量化的指标来衡量其在实施每项计划的过程中取得的成绩和完成工作的情况。[②] 但是,由于早期的绩效预算过于关注工作量的测算,缺乏立法和技术等多方因素的支持,以及无法将绩效结果与资金分配挂钩,最终沦落为预算编制和执行"两张皮",预算绩效不能够真正影响预算决策,最终传统绩效预算归于失败放弃使用。以上是理论研究称之为"传统绩效预算"时期,即预算绩效理念的初始阶段。20 世纪 50 年代,美国联邦政府萌芽出"绩效预算"的预算编制模式,提出以可衡量绩效为基础的政府传统绩效预算(Traditional Performance Budgeting),并延伸出以"项目—计划—预算""零基预算"等为路径的"项目预算",代替了早期的绩效预算。1979 年,美国总统预算管理办公室发布《关于行政部门管理的改革和绩效评价工作应用》,要求联邦政府所有行政部门及机构必须进行绩效评价,以考核其开展的公共活动过程和结果的效益,进一步优化财政支出安排。这一阶段,美国对绩效预算进行了多种改革尝试与探索,使其得到了较大发展。1993 年,美国联邦政府成立了国家绩效评估委员会(National Performance Review,NPR),该委员会颁布了《政府绩效与结果法案》,提出新绩效预算(New Performance

---

① 王海涛.我国预算绩效管理改革研究[D].财政部财政科学研究所,2014.
② 吴勋,张晓岚.中国绩效预算改革的国际背景及策略[J].经济纵横,2008(08):33-35.

Budgeting），即以强调结果导向和支出责任为中心，旨在指导政府促进市场经济效率提高、发挥宏观调控作用等。相比较传统绩效预算，新绩效预算改革取得了立法机关的支持，建立了更科学的绩效评价体系并更致力于绩效信息的使用。①《政府绩效与结果法案》是全球第一部关于政府绩效管理的法案，标志着绩效预算迈入了新的发展阶段。

英国对于预算编制的探索较为深入全面，其于 1983 年引入竞争制，进行以顾客导向为特征的新公共管理改革，开展了著名的"雷纳评审"，并启动了"财政管理创议"机制，建立起一个自动化的信息系统来支持财政管理改革。1987 年英国提倡采用更多的商业管理手段来改善执行机构的工作，提高公共服务质量。1991 年，英国梅杰政府实行"公民宪章"，促使提供公共物品和服务的公共部门接受市场检验，各公共部门之间、公共部门与私人部门之间为公共物品和服务的提供展开竞争，体现出"为质量而竞争"的思路。英国的预算编制以公共财政理论为基础，以满足社会公共需要为基本出发点，按照透明化、稳定化、责任制、公开且有效的原则，将提高财政绩效管理水平与政府绩效改革紧密结合，通过严格的程序来进行。按照预算编制程序来看，可分为社会调查、预算申请、预算审核和议会审议四个阶段。在正式编制预算之前，财政部门面向社会进行调查，根据调查结果制定并发布指导各部门申请预算详细的文件，各部门根据文件要求进行预算申报，由财政部门进行审批。同时期，经过核查的预算数据还会被送达各个项目的申请委员会审核，就申请的预算数据对未来可能造成的影响进行评价。最后经议会投票通过后，部门的预算编制可以由财政部向社会公众公开发布，至此预算编制过程结束。②

在澳大利亚联邦政府权力下放的大背景下，该国绩效预算伴随着公

---

①　马蔡琛,朱旭阳.从传统绩效预算走向新绩效预算的路径选择[J].经济与管理研究,2019,40(1):86-96.

②　张君.部门预算绩效管理研究[D].东北财经大学,2014.

共部门管理改革而逐步推进,其绩效预算改革可分为权力下放、加强财务管理、注重结果三个阶段。20 世纪 80 年代,澳大利亚一些州政府开始酝酿绩效预算改革,改革的重点为权力从中央高度集中到下放到部门,以减少中央对支出的控制,调动部门积极性。该阶段预算管理赋予部门管理者更多自主权,重点关注成果与产出。20 世纪 90 年代,霍华德政府在立法与行政领域进行改革,奠定了绩效预算的基本架构。这一时期政府开始推行以公共支出绩效评价为核心的预算改革,引入业务考评计划和评价体系,从 1998 年开始要求增加编制半年度预算,并于年底向议会报告预算绩效情况。1999 年,预算管理引入权责发生制,以反映政府活动的全部成本,为实现以产出和结果为导向的绩效预算奠定了良好基础。与此同时,政府要求部门根据战略编制相关预算,即除本年度预算外,对未来两年甚至四年的预算做出预测,以便精准掌握资金使用情况。由此,澳大利亚的预算绩效管理进入了新的发展阶段。[①]

3.1.2　国外高校绩效预算评价体系

绩效评价是指评价主体运用特定指标体系和科学方法对预算编制、执行及其结果中的绩效进行评价,使之达到高校财务目标的活动。[②] 20 世纪 80 年代,高等教育质量的改善和公共责任问题引起美国公众和研究者关注,绩效评价行动(Assessment Movement)要求,高校根据自己制定的评价标准评估办学绩效;问责行动(Accountability Movement)要求,高校绩效评价时采用普遍、适用和可比的绩效指标。[③] 面对财政紧缩和绩效问责的双重困境,西方高校开始尝试将企业财务管理中的绩效指标

---

① 王海涛.我国预算绩效管理改革研究[D].财政部财政科学研究所,2014.

② 乔春华.高校经费绩效管理基本概念研究[J].会计之友,2012(3):110 - 115.

③ 袁晋芳. 我国高校绩效预算问题研究[D].北京:中央财经大学,2017.

方法,援引至高校的绩效评价中,以期提升资源使用效率,政府也开始普遍将高校绩效评价的结果作为拨款的衡量依据之一。[①]

综合组织机构层次和同业信息比对,结合内外部绩效评价视角,西方国家将绩效指标的用途拓展到高校预算的分配环节,通过定量分析和定性分析,使指标体系更具兼容性和可比性。通过对三所不同类型学校的预算管理模式研究,Ferreri 认为高校预算研究不仅需关注资源配置,还需根据自身的特点,在不同环境下采取合适的预算管理模式。[②]

在绩效指标的设计方面,美国最著名的高校排行榜《美国新闻与世界报道》,从 1995 年起就运用卡耐基分类法,把高校的办学成果和工作状况概括为五大方面总计 25 个指标,这五个方面分别是教育质量、教育培养、机会均等、协调和倡议精神、经济发展和生活质量。现代的美国通常也会选用师资力量、财政资源、社会满意度、学生满意度、学术声誉、保持率等作为绩效评价指标。另外,英国贾勒特报告(Jarratt Report,1985)将绩效指标分为内部指标、外部指标和运作指标三类,分别用来反映学校自身的特征、学校的学科设置与社会发展的适应性、学校资源的使用效率等。英国副院长和校长协会与大学拨款委员会(1986)在此基础上进行创新,将反映学校的办学条件和实力的指标作为输入值,资源的使用效率和组织、管理行为的有效性的指标作为过程值,学校最终产品的情况指标作为输出值,扩展了高校预算指标的涵盖范围。Cave 等(1991)针对高校的教学业务和科研业务,列出了两类共 14 项绩效评价指标,教学结果方面的指标主要有入学质量、生均成本或生师比、学位结果、附加值、浪费率和未完成率、回报率、毕业时或五年后的就业率和学生评价等,科研方面的指标主要有科研质量、科研收入、研究生的数量、出版物及专利、同行评价和声

---

① 曹寸.高校绩效预算研究[D].江苏科技大学,2014.
② FERRERI L B, COWEN S S. The university budget process: A case study[J]. Nonprofit Management Leadership, 1993, 3(3): 299-311.

誉排行。Cameron等(1998)首次使用了声誉调查法,并设计了精神领域、学术领域和外部适应性三个方面共9个高校预算指标,研究高等教育的有效性。[①] Guthrie和Neumann(2007)分析了澳大利亚高等教育的宏观环境,通过分析高校教育由学术导向转变为市场导向的过程中,高校对国家和地区经济的贡献、高校资金来源结构的变化以及提高资金使用效益采取绩效评价的必要性,强调绩效导向系统对学术研究工作和高等教育部门工作的重要性。[②] 杨蓉和曹瑾(2018)研究了英、美两国高校绩效评价指标体系,研究发现,英国高校首个绩效指标体系由英国大学校长协会和大学拨款委员会共同制定,分为三个大类共计18项指标,其中包括5项内部绩效指标、7项外部绩效指标和6项操作指标,均是从投入、过程、产出三个角度来制定。美国各高校绩效评价指标体系类别基本一致,《改进高等教育绩效的策略指标体系》将全部指标分成了财政资本、物资资本、信息资本和人力资本四个大类,收入结构、支出结构、资源和留存、捐赠和投资、发展、房地产及设备和消耗、图书馆、计算机、学生、招生、教职工、学费与资助、研究十三个次类指标,共计78个小指标。[③] 目前,知名度较高的QS[④]世界大学排行榜,也囊括了学术贡献率、科研成果的引用率、师生比例、毕业生就业率和国际化水平等高校绩效评价指标。

3.1.3　国外高校绩效预算管理体系

随着20世纪90年代问责行动大规模开展,绩效报告、绩效拨款和绩

---

① 曹寸.高校绩效预算研究[D].江苏科技大学,2014.

② GUTHRIE J, NEUMANN R. Economic and non-financial performance indicators in universities[J]. Public Management Review, 2007, 9(2): 231-252.

③ 杨蓉,曹瑾.高校预算管理绩效评价指标体系设计研究[J].教育财会研究,2018,29(6): 43-50.

④ 英国的高等教育调查机构(Quacquarelli Symonds)公司是国际知名的高等教育信息分析和调查机构,自2004年开始进行世界大学评估.

效预算三种绩效管理形式应运而生。Burke 等人就公立高校绩效拨款的现状与未来展望、适用性和有效性、绩效报告等问题进行研究,同时,Borgia 和 Coyner(1996)在《高等教育机构预算系统的提升和成功》一文中,详细论述了美国综合性高校在 1972—1996 年间的预算管理改革的状况,两者皆显示尽管绩效预算存在某些缺陷,且存在递增预算、计划程序预算、公式预算、零基预算、绩效预算等多种经费分配预算模式,但在提高资金使用效益、促进研究成果转化方面,都发挥了极其重要的作用。[①] 经济合作与发展组织(OECD)提出,区别于对绩效信息的利用,目前绩效预算还可分成三种模式:报告式绩效预算模式(Presentational Performance Budgeting)、知晓式绩效预算模式(Performance Informed Budgeting)和直接的绩效预算模式(Direct Performance Budgeting)。[②] 通过对责任中心预算(RCB)进行扩展,Zierdt(2009)具体描述了明尼苏达州立大学的"配置框架",他认为各高校积极寻求兼具实现战略目标和实现资源最优配置的预算编制工具,美国的高校正在进入预算编制的新时代。[③]

依据国情的不同,各国高校在机构设置、执行控制和预算调整等方面都存在区别。美国高校单独设立预算控制办公室,通过子系统实现了数据共享和对接,及时跟进预算执行情况,保障预算的科学合理性;美国高校预算决策机构为预算管理委员会,其主要成员包括校长及高层管理人员、普通师生代表和财务工作人员。英国公立高校由英格兰高等教育基金管理委员会(Higher Education Funding Council for England,HEFCE)综合评估学校经济与办学实力后,分配中央政府的财政拨款,同时社会捐赠也是英国高校收入的重要补充,是学校声誉的经

---

① BORGIA C R,COYNER R S. The evolution and success of budgeting systems at institutions of higher education[J]. Public Budgeting and Financial Management,1996,7:467.

② 托马斯·D. 林奇.美国公共预算[M].北京:中国财政经济出版社,2002.

③ ZIERDT G L. Responsibility-centred budgeting:An emerging trend in higher education budget reform[J]. Journal of Higher Education Policy and Management,2009(2):345-353.

济内化;英国高校预算管理实行学院二级预算,由学院从投入、产出、过程指标三方面对自己的资金使用效益负责。澳洲高校由预算委员会制订预算工作计划,财务处全权跟进负责,预算草案经校委会讨论通过后向全校公布,广泛征求意见;其高校从学生数量和培养成本两方面来考量,给各二级学院下达经费指标,使预算经费反映学科特色,保障经费的合理运用。

3.1.4 美国联邦政府项目评级工具

1. PART 的概念

PART 是目前美国联邦政府项目评级工具(Program Assessment Rating Tool)的缩写,它是联邦政府为推进绩效预算改革而评价政府项目绩效所采用的评估与排名工具。PART 初稿由总统预算与管理办公室(OMB)于 2002 年 5 月发布,在广泛征求国会、学术界、联邦机构和社会公众意见以后于同年 7 月正式发布;其设计理念在于:所有联邦预算项目的绩效都是可测度的,而且也是可以改善的。

2. PART 的法律基础

1993 年,美国国会通过了得到两党广泛支持的《政府绩效与结果法案》(GPRA)。该法案是美国自 19 世纪 50 年代以来的将绩效与预算相联系的一系列改革的延续,它将这一改革以法律形式确立下来。GPRA 要求各联邦机构设计其战略目标、年度绩效计划和绩效报告,而且其实施采用了分阶段推进的方式,以使所有联邦机构逐步适应其要求。

GPRA 在美国绩效管理运动中具有里程碑式的意义。它超越了党派政治和政府更替的冲击,使绩效管理与预算改革得以在各届政府保持其连续性。它的创新性体现在以项目为单位，突破了以部门为单位的传统；同时，它明确了以结果绩效作为改革的目标，从而为各项配套改革指明了方向。不过，它未能给联邦机构提供一种系统性方法，以使它们能将其战略规划、绩效目标和运行中的活动与其预算要求结合在一起。

PART 立足于将结果中心观的改革推向深入。作为结果型预算的组成部分，PART 代表着美国联邦政府绩效管理工具设计的阶段性成果，反映了美国联邦政府绩效评价和预算改革不断走向规范化、系统化的进程。

3. PART 的结构与运行过程

PART 采用合作型评估方式，评估主体来自两方：OMB 的预算检查官和联邦各机构的项目计划和预算办公室。项目负责官员负责准备 PART 草稿，提出所有问题的建议性答案，以及对答案的解释和证据；预算检查官根据其提交的材料给出最终的得分。如果机构对 OMB 的打分存在异议，可向 OMB 要求再评估，一般有 30%—40% 的再评估要求可以得到满足。有关 PART 的文件提交与交换等方面的工作全部在线完成。

PART 的运行过程如下：

（1）选择项目确定分析单位

"项目"的定义由机构和 OMB 联合确定，与预算结构不完全一致，目标相同且相互依存的几个项目可以合并为一个评估单位。如老龄人口补贴方面，各补贴都是为老年人提供支持，以使其能居家养老。由于它们是联合作用，所以可以合并。

（2）对项目进行分类

为了便于评级工作的开展，OMB 将全部联邦项目划分为直接联邦项目等 7 个大类，分别是直接联邦项目、竞争性补贴项目、大额或公式化补贴项目、管制性项目、资本资产和服务获得性项目、信贷项目和研发项目。

（3）赋权

PART 有两重赋权：首先对四个问题大类进行赋权，其中结果类问题占有 50% 的权重，体现了结果型的绩效观。其次对每一个问题进行赋权。默认状态下各问题权重相同；不过，如果想突出关键因素，也可以调整权重，但这类调整必须在问题回答之前进行。

（4）选择绩效指标

指标类型。主要有结果指标、产出指标和效率指标三类。其中，结果指标描述项目或活动所期望实现的结果或效应，如一个旨在阻止艾滋病传播和感染的项目，以美国艾滋病新感染人数的降低作为结果指标；产出指标描述将在一定时期提供的某项活动的水平，例如水利工程的服务人口数。这两项指标之间存在着内在的逻辑联系，PART 要求尽可能地将现有的产出指标通过强调项目的最终目标而转化为结果指标，如将水利工程的服务人口数转化为可接近清洁饮用水人口提高的百分率。效率指标反映项目为实现其结果或产出而对资源的经济、有效地占有、使用和管理。又可以具体化为结果效率指标和产出效率指标两类。其中，结果效率指标是对项目进行全面评估的最好的一类。效率指标的具体类型因项目而异，但必须满足一些基本的要求，如合理性、有效性、可比性、风险性和数据资料的全面性等。

设定目标和基准。项目的目标必须远大、可实现并尽可能地量化；对有些确实难以量化的指标，如基础性研发项目，则需要具备经同行或其他方式所支持并且可证明的质量性指标。

指标的跨度。PART 要求项目设立长期指标和年度指标。长期指标的具体跨时因项目而异，但不得低于五年。年度指标的数据不得少于三年。两类指标之间的逻辑关系是：长期指标就是未来的年度指标，是年度指标的累积。

（5）回答问题

从形式上看，PART 是一套标准化问卷，该问卷由四种类型、25 个左右的重要但明白易懂的问题组成。

（6）计分与分级

在计分方式上，PART 采用先评分、后分级，评级与评分相结合的方式。

计分。项目各部分得分和总分都实行百分制。各部分全部问题的得分之和构成该部分原始得分。总分采用加权求和的方式得出：四个部分的原始得分乘以各自的权重，然后加总求和，得到该项目的总分。

分级。在计算出项目总分的基础上，PART 根据得分的不同将每一个项目分别归入相应的等级。全部项目分为两大类五个等级。一类是"表现好"的项目，共有三级；另一类是"表现差"的项目，共有两级。

（7）改进计划计分与分级

每一个项目的评估和分级完成以后，都会被要求制订改进计划，以便于跟踪绩效和管理的改善情况，因为 OMB 认为每一个项目都存在绩效改善的空间。

（8）结果发布

OMB 自 2006 年 2 月开始启用一个新的网站 ExpectMore.gov，所有已评项目的绩效报告和改进计划都借此集中发布，任何人都可以随时随地免费查询。每一份绩效报告都有摘要版和详情版，两版之间建有超级链接。摘要版将报告内容在一个网页上简要列出，内容包括五项：项目名称、使命、评价结果、改进计划和相关链接；详情版提供了每一个问题的打分理由和采用的依据等信息。[①]

① 晁毓欣.美国联邦政府项目评级工具(PART):结构、运行与特征[J].中国行政管理,2010(5):33－37.

3.2　全面预算绩效管理"国内高校模式"回顾

3.2.1　国内高校绩效预算改革发展历程

20世纪90年代末,预算绩效管理理念已进入我国,学术界和实际部门围绕预算绩效管理的必要性和可行性进行了多维度的探讨。一方面是借鉴国外经验和相关理论对我国的预算改革进行分析或提出建议,另一方面对预算绩效管理的实践工作进行相应的梳理。经过对现有研究的梳理,我国预算绩效管理的发展历程大致分为三个阶段。

1. 高校全面预算管理起步阶段(20世纪90年代末至2003年)

国家经济与政治的发展决定高校的发展状况。自新中国成立以来,随着我国经济体系的不断改革,我国高校预算管理也相应发展。20世纪90年代,计划经济为我国主要经济体系,此时高校收入来源只有财政拨款,其资金使用也完全服从国家统一调配,高校经费只能维持校内各项事务正常运转。① 自1994年实行分税制改革以来,我国的财政收入得到快速、稳定增长,财政收支矛盾得到较大缓解,财政管理的侧重点逐步由收入管理转移到支出管理上来,特别是自1999年以来逐步形成了以国库集中支付、政府采购、部门预算和收支两条线为基础的财政管理体制,作为财政管理的重要组成部分,在很大程度上促进了财政资金使用效益的提

---

① 赵羽.高校全过程预算绩效管理问题研究[D].首都经济贸易大学,2020.

高,但以绩效管理为基础的政府预算管理却还未形成健全的体制。[①]
2000 年,财政部成立课题组,对如何借鉴西方国家公共支出绩效考评制度进行了系统研究。这一时期,预算绩效管理工作处于萌芽阶段,思想还没能做到统一,制度建设相对滞后,处于初步学习与探索阶段。直到2001 年 7 月,财政部出台《中央部门项目支出预算管理试行办法》(财预〔2001〕331 号),提出将对中央部门年度预算安排的项目实行绩效考评,项目完成情况以及绩效考评结果引入次年项目立项参考,这一要求意味着以绩效考评为抓手的政府预算改革开始起步。自此,拉开了预算绩效管理改革的序幕。

2. 我国预算绩效管理发展阶段(2003—2017 年)

这一阶段我国的经济体制已不是单一的计划经济,社会主义市场经济逐渐替代单一的计划经济从而成为主流,相应地,高校的收入来源渠道也逐渐多样化,不再仅仅依靠国家财政统一拨款。在这个背景下,高校的预算管理已经不仅仅是为了满足高校正常运转,而是为了集结一切校级可控资金纳入预算,为了更好地推动学校发展,主要注重预算管理的效益性与综合性,为了预算的进一步完善打基础。[②] 2003 年,十六届三中全会《中共中央关于完善社会主义市场经济体制若干问题的决定》将“建立预算绩效评价体系”确定为我国财政预算改革的核心内容。

2004 年财政部农业、经建、社保等部门司局选择部分项目进行了项目绩效考评试点工作。

2005 年 5 月,财政部印发《中央部门预算支出绩效考评管理办法(试行)》(财预〔2005〕86 号),提出绩效考评以内容、方法、指标、组织管理、工

---

①　梁煜欣.预算绩效目标管理研究[D].中国财政科学研究院,2020.
②　赵羽.高校全过程预算绩效管理问题研究[D].首都经济贸易大学,2020.

作程序以及结果应用为核心,开展预算支出绩效评价。

2007年十七大报告中明确提出"深化预算制度改革,强化预算管理和监督",之后上海作为改革先行者,实行了以预算监督改革为框架、以绩效评审为重点、以结果为导向和以项目绩效作为评价和讨论的基础系统改革。

2009年6月,财政部下发《财政支出绩效评价管理暂行办法》(财预〔2009〕76号)和《关于进一步推进中央部门预算项目支出绩效评价试点工作的通知》(财预〔2009〕390号),与此同时,各地也积极开展了关于绩效预算改革的试点工作,探索绩效预算发展的可能路径,甚至产生了"焦作模式"(河南省)、"闵行模式"(上海市)和"南海模式"(广东省)。2011年4月,财政部对2009年下发的《暂行办法》进行了修订,同时发布《财政支出绩效评价管理暂行办法》(财预〔2011〕285号),进一步细化了绩效评价的对象和内容、绩效目标、绩效评价指标、评价标准和方法、评价组织管理和工作程序、绩效报告和绩效评价报告、评价结果和应用,修订后的办法成为我国沿用至今最为核心和重要的财政支出绩效评价指导性文件。

2011年4月,国务院召开第一次政府绩效管理工作部际联席会议,决定在北京、吉林、福建、广西、浙江、深圳等地开展地方政府绩效管理试点;国土资源部、农业部、质检总局进行国务院机构绩效管理试点;国家发改委、环境保护部进行节能减排专项工作绩效管理试点;财政部进行财政预算资金绩效管理试点,为全面推行政府绩效管理积累经验。同时期,财政部发布《财政支出绩效评价管理暂行办法》,就绩效评价的对象和内容、绩效目标、绩效评价指标、评价标准和方法、绩效评价的组织和工作程序、绩效评价报告的撰写、绩效评价的结果应用等做出明确规定。财政部同时还发布一系列附属文件,包括《财政支出绩效目标申报表》《财政支出绩效评价指标框架(参考)》《财政支出绩效评价报告(参考提纲)》《财政支出绩效评价指标体系(参考样表)》《财政支出绩效评价指标评分表(参考样表)《财政支出绩效评价工作流程图》等,为各地区、各部门评价财政支出绩效提供了基本的行为规范。此后,预算绩效改革(以绩效管理的方式)的步伐明显加快。

2011年6月国务院政府绩效管理试点工作启动后,《关于开展政府绩效管理试点工作的意见》(监发〔2011〕6号)进一步明确,财政部为政府绩效管理工作部际联席会议9个成员单位之一和14个试点单位之一,负责牵头组织预算资金绩效管理工作。同年7月,财政部印发了《关于推进预算绩效管理的指导意见》(财预〔2011〕416号),明确了建立"覆盖所有财政性资金,贯穿预算编制、执行、监督全过程的具有中国特色的预算绩效管理体系"的工作目标。该《指导意见》还提出,要逐步建立起"预算编制有目标、预算执行有监控、预算完成有评价、评价结果有反馈、反馈结果有应用"的预算绩效管理新机制。

2012年,根据党中央和国务院有关加强预算绩效管理的指示精神和推进政府绩效管理的工作要求,财政部召开了全国财政厅(局)长座谈会,以预算绩效为主题,对下一阶段全面推进预算绩效管理进行了专题部署,会后印发了《预算绩效管理工作规划(2012—2015年)》(财预〔2012〕396号),将预算绩效管理规范为"预算编制有目标、预算执行有监控、预算完成有评价、评价结果有反馈、反馈结果有应用"的全过程预算绩效管理,明确了到"十二五"末"绩效目标逐步覆盖,评价范围明显扩大,重点评价全面开展,结果应用实质突破,支撑体系基本建立"的总体目标。和预算绩效管理工作规划一起,财政部还发布了两份配套文件:《县级财政支出管理绩效综合评价方案》和《部门支出管理绩效综合评价方案》,从而为县级财政绩效评价和部门支出绩效评价提供了基本行为规范。

2013年4月,财政部又下发了《关于印发〈预算绩效评价共性指标体系框架〉的通知》,发布了《项目支出绩效评价共性指标体系框架》《部门整体支出绩效评价共性指标体系框架》和《财政预算绩效评价共性指标体系框架》,指导和引领各地区、各部门构建相对完善的绩效评价指标体系。

2014 年,第十二届全国人民代表大会第二次会议上,党中央、国务院决定把预算管理制度和税收制度改革作为本年度财税体制改革的重点,突出了预算绩效管理内容。同年 8 月,第十二届全国人大常委会第十次会议表决通过《中华人民共和国预算法(修正案)》。修改后的《预算法》首次以法律的形式明确了财政预算绩效管理的要求,为中国预算体制由传统预算向绩效预算转型奠定了坚实的法理基础,是财政制度改革建设具有里程碑意义的一件大事,标志着我国加快建立全面规范、公开透明的现代预算制度迈出了坚实的一步。

表 3-1　新《预算法》涉及绩效条目

条目	内　　容
第十二条	各级预算应当遵循统筹兼顾、勤俭节约、量力而行、讲求绩效的原则。要求各级政府建立跨年度预算平衡机制
第三十二条	各部门、各单位应当按照国务院、财政部门制定的收支分类科目、预算支出标准和要求以及绩效目标管理等预算编制规定,根据其依法履行职能和事业发展的需要以及存量资产情况,编制本部门、本单位预算草案
第三十二条	各级预算参考上一年度预算执行情况,有关支出绩效评价结果按照规定程序进行编制
第四十九条	各级人民代表大会有关专门委员会,要向本级人民代表大会主席团提出有关总预算草案及上一年度总预算执行情况的审查结果报告。报告结果应当包含提高预算绩效的意见和建议
第五十七条	各级政府、各部门、各单位应当对预算支出情况开展绩效评价
第七十九条	县级以上各级人民代表大会常务委员会、民族乡、镇人民代表大会对本级决算草案,要重点审查支出政策实施情况和重点支出、重大投资项目资金的使用情况及绩效情况

3. 我国预算绩效管理新时代(2017 年至今)

2017 年 10 月,习近平总书记在党的十九大报告中指出:"要加快建立现代财政制度,建立权责清晰、财力协调、区域均衡的中央和地方财政关系。建立全面规范透明、标准科学、约束有力的预算制度,全面实施绩效管理。"十九大报告明确了我国高等教育发展在相当长一个时期内的发展理念和重点任务,为中国预算绩效管理的深化改革指明了方向,将绩效管理提升到一个前所未有的高度。

为落实十九大精神,积极推进预算绩效管理,2018 年 9 月《中共中央国务院关于全面实施预算绩效管理的意见》(中发〔2018〕34 号)正式发布,该意见指出:创新预算管理方式,更加注重结果导向、强调成本效益、硬化责任约束,应在 3—5 年时间内基本建成全方位、全过程、全覆盖的预算绩效管理体系,实现预算绩效一体化。

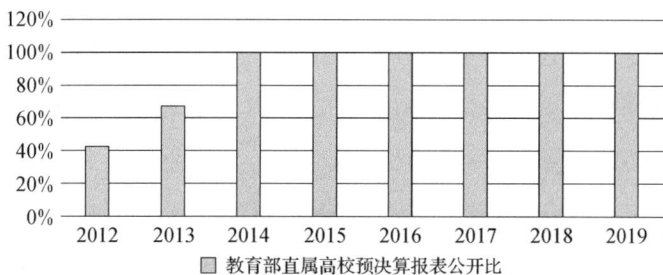

图 3-1　教育部直属高校预决算报表公开情况①

2017 年 1 月,教育部联合财政部印发的《中央高校管理改革等绩效拨款管理办法》,把规范和加强中央高校管理改革等绩效拨款工作推到了新的高度。由此可见,高校财政绩效对拨款产生影响的管理模式对推动大学发展具有重要意义。

2019 年 12 月 10 日《教育部关于全面实施预算绩效管理的意见》(教财〔2019〕6 号)印发,提到全面实施预算绩效管理是"优化教育资源配置、提升教育公共服务质量、构建服务全民终身学习教育系统、推动加快实现

---

① 　数据来源:教育部网站—信息公开专栏.

教育现代化的重要举措"、要求各高校贯彻落实全面实施预算绩效管理，加强统筹规划和顶层设计，制定高校绩效管理实施方案。

3.2.2 国内高校绩效预算评价体系

预算绩效评价是对工作完成情况的考察与评估，是奠定预算绩效管理的基础。绩效评价的基本要素有评价原则、评价对象和评价方法等。预算绩效评价的过程需要遵循一定的原则，具有可靠的评价依据，以确保绩效评价的科学性和合理性，同时，不同的绩效评价对象要采取相适应的绩效评价方法，做到"因人而异"，选取适合的评价指标，方能使预算绩效评价过程合理，结果可信，更好地省察自身，展望未来。2020 年，财政部印发《项目支出绩效评价管理办法》（财预〔2020〕10 号）（以下简称《管理办法》），对项目支出绩效评价的基本原则、主要依据、评价对象和内容、评价指标、评价标准和方法、组织管理与实施、评价结果应用及公开等做出规定，为全面实施预算绩效管理，建立科学、合理的项目支出绩效评价管理体系提供了有效指导。因此，结合该《管理办法》，本小节将主要介绍绩效评价原则、绩效评价主要依据、常见的绩效评价方法以及绩效评价指标。

1. 绩效评价原则

绩效评价是全面预算绩效管理的重要环节之一，我国预算绩效评价推行已久，在不断的实行与改革中，已经形成了较为科学全面的绩效评价原则。结合《管理办法》和相关文献，笔者梳理了我国高校预算绩效评价的主要基本原则。

《管理办法》认为，绩效评价应遵循科学公正、统筹兼顾、激励约束、公开透明的基本原则。科学公正原则，即绩效评价应当运用科学合理的方法,按照规范的程序,对项目绩效进行客观、公正的反映。统筹兼顾原则,即单位自评、部门评价和财政评价应职责明确,各有侧重,相互衔接。单位自评应由项目单位自主实施,即"谁支出、谁自评"。部门评价和财政评价应在单位自评的基础上开展,必要时可委托第三方机构实施。激励约束原则,即绩效评价结果应与预算安排、政策调整、改进管理实质性挂钩,体现奖优罚劣和激励相容导向,有效要安排、低效要压减、无效要问责。公开透明原则,即绩效评价结果应依法依规公开,并自觉接受社会监督。孙鹤和陈刚(2020)认为高校现行预算绩效评价体系存在重视程度不够、评价指标发挥作用受限、评价指标分类缺乏专业性、个别指标设置不切实际、评价指标个性化不突出、一套模板多处套用等问题,这些极大地限制了预算绩效评价对于内部管理流程优化的作用,因此提出预算绩效评价指标的设置要遵循战略导向原则、科学适用原则、可比性原则和动态调整原则,预算绩效评价指标的出发点和重心要和高校建设目标、发展战略相统一,坚持定性和定量指标相结合、财务和非财务指标相补充、指标要横向纵向可比,根据高校特点和发展阶段动态选取评价指标。[①] 张鼎和薄媚月(2021)立足于高校五大使命,探讨了普通本科院校全面预算整体绩效评价指标体系设计的五项原则,即科学性、全面性、可比性、经济性、可操作性,针对每一项设计原则,作者都详细阐述,说明每项原则注意的要点,全面探究了预算绩效评价指标的设计原则。科学性原则,是指设计预算绩效评价指标时,必须在科学理论的指导下,遵循高等教育办学规律,运用科学思维方法,有的放矢进行指标设计的行为准则,其要求指标具有针对性、导向性和关联性。全面性原则,又称系统性原则、完整性原则,其要求指标设计的范围要全面、指标涵盖的内容要全面、指标配置的类型要

---

① 孙鹤,陈刚.政府会计改革下高校建立分类预算绩效评价体系研究[J].财务与会计,2020(15):65-68.

全面。可比性原则,主要包括不同学校绩效指标的可比性和同一学校不同时期绩效指标的可比性两个方面。该原则要求各类学校要按照统一规定的口径统计整理加工相关绩效指标元素,以保证绩效数值不但纵向可比,而且横向可比。具体来说,指标元素应可以计量,指标应可以横向对比,指标算法口径应一致。经济性原则,是指在重视指标选择的同时,还要考虑指标数值取得的难易程度,要考虑获取人力、物力、财力指标数值所需成本,包括花费的时间成本,经济上是否可行、合算。具体内容有指标数量应适当、指标取数应容易、指标计算应简单、指标管理应专业。可操作性原则,是指所设计的指标体系既可以在自评工作中运用,也可以在上级部门委托第三方评价中运用。[①] 李延鹏(2023)从行政事业单位的角度出发,探究了行政事业单位的绩效评价原则,即全面性、创新性原则、客观性原则、可行性原则、重要性原则、及时性原则,并指出要优化内部绩效评价工作,需要有效界定绩效评价目标、完善绩效评价体系、拓展绩效评价方法、加强绩效评价结果运用。[②]

2. 绩效评价依据

为了保证绩效评价的科学性、规范性、可靠性,在进行绩效评价时,除了要遵循基本的原则外,还要有可信可靠的评价依据。《管理办法》认为,绩效评价依据主要来源于以下几方面:国家相关法律、法规和规章制度;党中央、国务院重大决策部署,经济社会发展目标,地方各级党委和政府重点任务要求;部门职责相关规定;相关行业政策、行业标准及专业技术规范;预算管理制度及办法,项目及资金管理办法、财务和会计资料;项目设立的政策依据和目标,预算执行情况,年度决算报告、项目决算或

---

① 张鼎,薄媚月.基于高校五大使命的预算绩效评价指标设计原则思考[J].会计师,2021(17):98-100.

② 李延鹏.行政事业单位绩效评价探讨[J].财务管理研究,2023(5):121-125.

验收报告等相关材料；本级人大审查结果报告、审计报告及决定，财政监督稽核报告以及其他相关资料。并且《管理办法》本身就已经给出了供参考的绩效评价指标和绩效评价报告，见后文详细叙述。

3. 绩效评价方法

通过对国内高校绩效评价文献进行梳理，结合《管理办法》，本小节梳理了常见的绩效评价方法，具体有"3E"评价法、标杆管理法、平衡计分卡法、关键指标法、层次分析法、模糊综合评价法、TOPSIS法、成本效益分析法、比较法、因素分析法、最低成本法、公众评判法等。根据原始数据和适用环境的不同，应该选取合适的绩效评价方法，再根据评价对象的具体情况，可采用一种或多种方法，以保障评价结果的科学性和严谨性。

（1）"3E"评价法

"3E"是指经济性（Economy）、效率性（Efficiency）、效益性（Effectiveness）。经济性指以最低费用取得一定质量的资源，简单地说就是支出是否节约，主要是成本类指标。效率性指投入和产出的关系，包括是否以最小的投入取得一定的产出，或者以一定的投入取得最大的产出，简单地说就是支出是否讲究效率。效益性指多大程度上达到政策目标、经营目标和其他预期结果，简单地说就是是否达到目标。20世纪60年代美国审计总署（GAO）最早提出绩效"3E"原则，1995年芬维克（Fenwick）在总结美国审计总署"3E"绩效审计的基础上，提出政府绩效应从经济性、效率性、效果性三方面衡量评估，逐渐成为政府绩效管理核心基础。我国《项目支出绩效评价管理办法》（财预〔2020〕10号）遵循经济性、效率性、效益性和公平性（Equality）等"4E"原则。此前丹尼斯·普瑞斯波尔认为综合审计也应当考虑环保性（Environment），形成绩效"5E"原则。与此相接近的还有成本效益分析法，它是指将投入与产出、效益进行关联性分析的方法，其理念和"3E"分析法相似，均考虑了预算资源投入和效益产出,从投入产出的角度分析了预算绩效。相比于"3E"分析法,成本效益分析法更注重投入和产出两个角度的分析,"3E"分析法则更全面,综合考虑整个过程。此外还有最低成本法,该方法是指在绩效目标确定的前提下,成本最小者为优的方法,由于其只考虑了成本这一角度,适用范围较窄。

(2)标杆管理法

标杆管理法的要义是将绩效评价按照一定的流程进行,这个流程分为五步:第一步,确立标杆对象,是基础性步骤;第二步,衡量现有绩效与预算绩效之间的差距;第三步,根据数据制定并严格执行改进现有的方案,是标杆管理法中的核心步骤;第四步,对第三步进行完善,即对方案执行结果进行改进,及时进行反思;第五步,对整个流程进行总结,归纳出其中的可取之处。根据这些制定更科学合理的绩效考评标准和评价体系。[①]

(3)平衡计分卡法

平衡计分卡法(Balanced Score Card,BSC),是常见的绩效考核方式之一,该方法从财务、客户、内部运营、学习与成长四个角度,将不好衡量的指标转化成量化指标,用具体的指标来代表顾客服务质量、财务收支情况、内部操作流程以及学习与成长情况等,是将组织的战略落实为可操作的衡量指标和目标值的一种新型绩效管理体系。平衡计分卡主要应用于人力资源领域,用以评估员工的个人绩效。该方法的出现平衡了组织长期和短期、内部和外部的管理情况,使得传统的绩效管理从人员考核和评估的工具转变成为战略实施的工具,被广泛使用。该方法最大的优点就是填补了绩效评价以往只考虑财务指标的缺陷,避免了管理者过分关注短期行为从而忽略长期利益,比如员工的培养和开发、客户关系的开拓和维护等。此外,在该方法下设置的考核指标既包括了对过去业绩的考核,

---

① 赵羽.高校全过程预算绩效管理问题研究[D].首都经济贸易大学,2020.

也包括了对未来业绩的考核，兼顾了长期与短期目标，有利于综合评估。

（4）关键指标法

关键绩效指标法是以战略目标为基础，通过建立关键绩效指标体系，从而将价值创造活动与战略目标有效联系起来，进行绩效评价的一种方法。关键绩效指标是指对绩效评价产生关键影响的指标，是识别和提炼出的最能反映价值创造结果的一系列指标。关键绩效指标法的设计理念是在进行绩效评价之前，必须明确被评价对象的战略目标，从而将评价目标锁定在与战略目标相关的价值创造活动上，集中精力于重点指标，使绩效评价指标体系得到适当的简化。关键绩效指标通常包括结果类和动因类。结果类是综合反映被评价单位绩效价值的相关指标，如收益率、回报率等。动因类是综合反映被评价单位价值驱动因素的相关指标，如资金支出、满意度等。

关键绩效指标法的优点主要包括：将绩效评价与战略目标相关联，有利于促进战略目标的实现；通过识别价值创造活动，锁定关键价值驱动因素，集中精力于重点指标，有利于促进价值创造结果的实现；由于关注的重点集中于少数的关键指标，绩效评价指标体系得到适当的简化，使得评价人员易于理解和使用，评价效率得以提高。关键指标法也有一定的缺点，由于关键指标法是用绩效考核中关键的部分来代表绩效考核的结果，这种方法实施起来快速方便，但准确性不够高，结果也不够科学。此外，关键指标法所耗费的时间精力较大，在选取关键指标时，需要充分了解被评价对象战略目标及价值创造活动，对被评价对象的核心业务流程和关键价值驱动因素应统筹掌握，否则将会导致关键指标选取失误，使得绩效评价指标体系不适用于被评价对象，导致错误的价值导向，甚至造成评价失败。[1]

① 杨慧珊.关键绩效指标法在项目支出绩效评价中的应用研究[J].财经界，2022(16)：59-61.

（5）层次分析法

层次分析法（Analytic Hierarchy Process，AHP）是将与决策有关的元素分解成目标、准则、方案等层次，第一层次根据组织的统筹战略，分解出比较容易实现的具体的目标，接着再以这个具体目标为依据，再次进行分解，这样才能有利于后面方案的制定。应用 AHP 法解决问题的具体思路是：第一，把需要解决的问题分层次系列化，根据问题的性质和既定的目标，把问题分解为不同的组成因素，按照因素之间的隶属关系和相互影响将其分层归类组合，形成一个有序的、呈阶梯状的层次结构模型；第二，依据人们对客观现实的判断，对模型中各个层次所有因素的相对重要性给予定量表示，再利用数学方法确定每一层次所有因素相对重要性次序的权重；第三，通过综合计算不同层次因素相对重要性的权值，得到最低层相对于最高层的相对重要性次序的组合权值，以此作为评价的依据。[①] 需要注意的是，如果评价指标个数过多（一般超过 9 个），利用层次分析法所得到的权重就有一定的偏差，继而组合评价模型的结果就不再可靠。与层次分析法相接近的是因素分析法，因素分析法是指综合分析影响绩效目标实现、实施效果的内外部因素的方法。运用因素分析法时，首先确定需要分析的指标，其次确定影响该指标的各因素及与该指标的关系，最后计算确定各个因素影响的程度数额。两者均是从战略角度出发，由大到小，由上至下，结合战略目标一步步制定出符合主体特点的绩效考核指标，这种方法适用于承担了明确使命的单位，以保证绩效评价始终围绕高层次战略目标。

陆萍等（2010）运用平衡计分卡法和关键指标法这两大工具，借鉴英、美等发达国家高校预算绩效评价指标体系，根据层次分析法的思想，将高校预算总目标划分为教学绩效、科研绩效、预算管理绩效、财务绩效、资源配置绩效、社会绩效六大层次，之后在这些层次中选取了六类共计二十八

[①] 魏巍.工程类政府采购评标指标体系的构建与应用研究[D].天津大学，2012.

个关键绩效指标进行高校预算绩效评价,为同类高校进行预算绩效评价提供了良好借鉴。[①]

（6）模糊综合评价法

模糊综合评价法（Fuzzy Comprehensive Evaluation Method）由我国学者汪培庄提出,是一种基于模糊数学的综合评价方法。该综合评价法根据模糊数学的隶属度理论把定性评价转化为定量评价,即用模糊数学对受到多种因素制约的事物或对象做出一个总体的评价。它具有结果清晰、系统性强的特点,能较好地解决模糊的、难以量化的问题,适合各种非确定性问题的解决。主要步骤包括:建立综合评价的因素集、建立综合评价的评语集、确定各因素的权重、进行多级模糊评价获得模糊矩阵。在实际操作过程中,经常使用 yaahp、SPSSPRO 等软件协助分析。与其他方法相比,模糊综合评价法的优点在于其不受评价指标的限制,不仅可以分析定量的财务指标,也可以用来分析定性的非财务指标,从而更加全面地考虑了评价对象的整体情况,评价结果也更具系统性。

（7）TOPSIS 法

TOPSIS（Technique for Order Preference by Similarity to an Ideal Solution）法由 C.L.Hwang 和 K.Yoon 于 1981 年首次提出,TOPSIS 法根据有限个评价对象与理想化目标的接近程度进行排序,是在现有的对象中进行相对优劣的评价,是多目标决策分析中一种常用的有效方法,又称为优劣解距离法。TOPSIS 法的基本原理,是通过检测评价对象与最优解、最劣解的距离来进行排序,若评价对象最靠近最优解同时又最远离最劣解,则为最好;否则不为最优。其中最优解的各指标值都达到各评价指标的最优值。最劣解的各指标值都达到各评价指标的最差值。该方法是一种逼近于理想解的排序法,只要求各效用函数具有单调递增（或递减）性。

① 陆萍,吴婧,张甫香.高校预算绩效评价的方法探析[J].财会通讯,2010,512(36):60-63.

（8）比较法

比较法是指将实施情况与绩效目标、历史情况、不同部门和地区同类支出情况进行比较的方法。在进行预算绩效评价的过程中，不少学者都对绩效评价的可比性提出了要求，包括横向可比和纵向可比性。横向可比，即跟同类型的项目、同类型的高校进行比较，以找出差距，提升自我；纵向可比，即要跟本单位历史上的绩效评价结果进行对比，这样才能发现单位的改善情况，更好地了解自身。比较法强调将实施情况与绩效情况进行对比，这就要求在年度初期制定预算绩效目标时，不能天马行空随意制定目标，而是要结合过去几期以及同类型单位的预算执行考核情况来制定一年后、三年后，甚至五年后的目标，从而推动管理者长远思考，谨慎制定预算绩效目标。

（9）公众评判法

公众评判法是指通过专家评估、公众问卷及抽样调查等方式进行评判的方法。在实际操作中，该方法应用最为广泛，并且时常作为绩效评价的第一步。首先，通过专家访谈法征询专家意见，往往是行业或领域内具有丰富科研和实践经验的学者，根据专家访谈的结果，进行提炼融合，以此确定绩效评价的主要指标，包括一级指标、二级指标等。其次，发放测试问卷，发放对象可以是单位全体学生和教职工，也可以是具有合作的外界单位和公众，一般而言，初次发放测试问卷，主要面对单位内部人员，进行抽样发放，选取具有代表性的、合作关联度较高的部门人员进行发放。最后，根据回收的测试问卷结果和建议，对正式问卷进行补充修改，对全体受众发放。该方法跳出了单位内部的工作思路，秉持坦诚开放的态度向外界寻求建议，能够更加全面、综合、客观地反映单位预算绩效执行情况，为各大单位所采取。但由于该方法在前期对专家和问卷填写者要求较高，同时后期问卷回收工作量较大，因此常与其他方法配合使用。

4. 绩效评价指标

绩效评价指标是预算完成后开展绩效评价时使用,用以衡量绩效目标实现程度的考核工具,是财政支出绩效评价工作的载体,予以衡量的一种手段,用来检测评价预算活动的投入、过程、产出以及效果是否符合财政支出的经济性、效率性、有效性等。按照绩效评价指标的适用范围,可将绩效评价指标划分为共性指标和个性指标。共性指标指由财政部门统一制定的,适用于所有评价对象的指标,主要包括预算编制和执行情况,财务管理情况,资产配置、使用、处置及其他收益管理情况,以及社会效益、经济效益等。个性指标指由预算部门会同项目实施部门,针对预算部门或项目特点共同制定的,适用于不同预算部门或项目的业绩评价指标。按照绩效评价指标的性质,可将绩效评价指标划分为定性指标和定量指标。定性指标是指无法通过数量计算分析评价结果,通过对评价对象进行客观描述和定性分析来反映评价结果的指标。定量指标是建立在对预算支出各项财务数据和工作目标分析的基础上,通过数据分析,以具体数值形式来反映评价结果的指标。按衡量目标层次,可将绩效评价指标划分为成本指标、产出指标、效益指标和满意度指标。成本指标用以反映预期提供公共产品和服务所需成本的控制情况,如"工程建设成本节约率"。产出指标是预算绩效目标中关于公共产品及公共服务的产出数量方面的指标,反映预算部门根据既定目标计划完成的产品和服务情况,可以按照产出目标的内容分为数量指标、质量指标和时效指标。数量指标主要反映项目的核心产出及其数量,如"房屋修缮面积""支持高水平教学成果和团队""发表文章或注册专利数"等;质量指标主要反映预期提供的公共产品和服务达到的标准、水平和效果,即该项目涉及的管理制度和政策办法提出的项目目标,如"房屋修缮验收通过率""履行招投标程序合规率""具有创新质量和实际贡献的论文数量"等;时效指标用以反映预期提供公共产品和服务的及时程度和效率情况,如"项目完成及时率""研究成果发布时间"等。效益指标是对预期效果的描述,反映与既定目标相关的、预算支出预期结果的实现程度和影响的指标,包括经济效益指标、社会效益指标、生态效益指标、可持续影响指标等。满意度指标是反映服务对象或项目受益人的认可程度的指标,如"学生满意度""教职工满意度"等。

目前,国内已有不少学者对高校预算绩效评价指标进行研究。陆媛(2006)基于战略管理理论,从教学绩效、科研绩效、自筹资金绩效、资产绩效、校产经营及声誉绩效六个层次 21 个关键指标,对高校预算绩效进行了合理的评价和衡量。[①] 程永波、方志耕等(2008)结合高校科研特点,从师资队伍建设、科学研究、人才培养、学科平台建设、条件建设和学术交流六个方面建设高校预算绩效评价指标体系。[②] 李锋、葛世伦、尹洁(2009)进一步将科研绩效指标分为科研项目、成果奖励、论文著作、科技成果专利四类。[③] 李煜均(2009)综合部门和项目两方面,将学生工作指标、声誉绩效指标、自筹绩效指标、资产绩效指标、教学绩效指标、科研绩效指标、教职工学习与成长指标七类作为部门绩效评价指标,项目实施过程和项目完成结果两类作为项目绩效预算评价,对高校预算绩效进行优化衡量。[④] 王美强(2010)设定人员和费用为投入要素,同时以学时数、科研成果量以及科研经费为产出要素,依据投入产出数据比,评价高校院系的运行效率。[⑤] 张建涛(2011)重新划分了教学绩效、筹资绩效、支

---

① 陆媛.高校预算绩效评价的理论研究及绩效指标体系设计[J].技术经济与管理研究,2006(1):60-61.

② 程永波,方志耕,刘思峰,等.高校学科建设项目绩效评价指标体系研究[J].科学进步与对策,2008(9):180-183.

③ 李锋,葛世伦,尹洁.高校科研绩效评价模型研究[J].科学管理研究,2009,29(7):271-272.

④ 李煜均.高校绩效预算指标体系构建研究[J].科技经济市场,2009(7):86-87.

⑤ 王美强.基于超效率 DEA 模型的高校内院系效率评价[J].贵州大学学报(自然科学版),2010(6):140-142.

出绩效、科研绩效、资产绩效、其他绩效六个高校预算绩效的评价层次。[①] 巫朝辉(2016)以办学条件指标、管理效率指标、产出效益指标、发展绩效指标作为二级指标,构建了高校预算绩效评价指标体系。[②] 张帅帅(2019)聚焦高校 KPI 实现路径,从卓越人才培养、打造世界一流学科、一流教师发展、科研创新和能力提升、文化构筑五个方面 15 类指标,构建高校在"十三五"建设期间预算绩效管理评价指标体系。[③] 高新宇(2021)从结合高校人才培养、科学研究、服务社会、文化传承创新、国际交流与合作融入四大业务层面,从财务、客户、内部流程、学习与成长四方面,构建"双一流"高校预算评价体系。[④]

2013 年,财政部印发《预算绩效评价共性指标体系框架》(财预〔2013〕53 号),为绩效评价工作提供了具有共性的、参考性的框架模式,根据对象不同,提供了项目支出绩效评价、部门整体支出绩效评价、财政预算绩效评价三种共性指标体系框架。[⑤] 表 3－2 展示了项目支出绩效评价共性指标体系框架,包含投入、过程、产出和效果四个一级指标,项目立项、资金落实、业务管理、财务管理、项目产出、项目效益六个二级指标,项目立项规范性、绩效目标合理性、绩效指标明确性、资金到位率、到位及时率、管理制度健全性、制度执行有效性、项目质量可控性、管理制度健全性、资金使用合规性、财务监控有效性、实际完成率、完成及时率、质量达标率、成本节约率、经济效益、社会效益、生态效益、可持续影响、社会公众或服务对象满意度二十个三级指标,并列出了指标解释和说明。

---

① 张建涛.高等学校推行绩效预算初探[J].经济论坛,2011(1):175－177.

② 巫朝辉.高校预算绩效模糊综合评价研究[J].福州大学学报(哲学社会科学版),2016,30(1):58－63.

③ 张帅帅.高校预算绩效管理评价指标体系研究[J].商业会计,2019(12):92－94.

④ 高新宇.BSC框架下"双一流"建设高校预算绩效评价指标体系构建[J].会计师,2021(1):94－95.

⑤ 财政部.预算绩效评价共性指标体系框架[Z].财预[2013]53 号.

表 3-2　项目支出绩效评价共性指标体系框架

一级指标	二级指标	三级指标	指标解释	指标说明
投入	项目立项	项目立项规范性	项目的申请、设立过程是否符合相关要求,用以反映和考核项目立项的规范情况	评价要点:① 项目是否按照规定的程序申请设立;② 所提交的文件、材料是否符合相关要求;③ 事前是否已经过必要的可行性研究、专家论证、风险评估、集体决策等
		绩效目标合理性	项目所设定的绩效目标是否依据充分,是否符合客观实际,用以反映和考核项目绩效目标与项目实施的相符情况	评价要点:① 是否符合国家相关法律法规、国民经济发展规划和党委政府决策;② 是否与项目实施单位或委托单位职责密切相关;③ 项目是否为促进事业发展所必需;④ 项目预期产出效益和效果是否符合正常的业绩水平
		绩效指标明确性	依据绩效目标设定的绩效指标是否清晰、细化、可衡量等,用以反映和考核项目绩效目标的明细化情况	评价要点:① 是否将项目绩效目标细化分解为具体的绩效指标;② 是否通过清晰、可衡量的指标值予以体现;③ 是否与项目年度任务数或计划数相对应;④ 是否与预算确定的项目投资额或资金量相匹配
	资金落实	资金到位率	实际到位资金与计划投入资金的比率,用以反映和考核资金落实情况对项目实施的总体保障程度	资金到位率=(实际到位资金/计划投入资金)×100%。实际到位资金:一定时期(本年度或项目期)内实际落实到具体项目的资金。计划投入资金:一定时期(本年度或项目期)内计划投入到具体项目的资金
		到位及时率	及时到位资金与应到位资金的比率,用以反映和考核项目资金落实的及时性程度	到位及时率=(及时到位资金/应到位资金)×100%。及时到位资金:截至规定时点实际落实到具体项目的资金。应到位资金:按照合同或项目进度要求截至规定时点应落实到具体项目的资金

一级指标	二级指标	三级指标	指标解释	指标说明
过程	业务管理	管理制度健全性	项目实施单位的业务管理制度是否健全,用以反映和考核业务管理制度对项目顺利实施的保障情况	评价要点:① 是否已制定或具有相应的业务管理制度;② 业务管理制度是否合法、合规、完整
		制度执行有效性	项目实施是否符合相关业务管理规定,用以反映和考核业务管理制度的有效执行情况	评价要点:① 是否遵守相关法律法规和业务管理规定;② 项目调整及支出调整手续是否完备;③ 项目合同书、验收报告、技术鉴定等资料是否齐全并及时归档;④ 项目实施的人员条件、场地设备、信息支撑等是否落实到位
		项目质量可控性	项目实施单位是否为达到项目质量要求而采取了必需的措施,用以反映和考核项目实施单位对项目质量的控制情况	评价要点:① 是否已制定或具有相应的项目质量要求或标准;② 是否采取了相应的项目质量检查、验收等必需的控制措施或手段
	财务管理	管理制度健全性	项目实施单位的财务制度是否健全,用以反映和考核财务管理制度对资金规范、安全运行的保障情况	评价要点:① 是否已制定或具有相应的项目资金管理办法;② 项目资金管理办法是否符合相关财务会计制度的规定
		资金使用合规性	项目资金使用是否符合相关的财务管理制度规定,用以反映和考核项目资金的规范运行情况	评价要点:① 是否符合国家财经法规和财务管理制度以及有关专项资金管理办法的规定;② 资金的拨付是否有完整的审批程序和手续;③ 项目的重大开支是否经过评估认证;④ 是否符合项目预算批复或合同规定的用途;⑤ 是否存在截留、挤占、挪用、虚列支出等情况
		财务监控有效性	项目实施单位是否为保障资金的安全、规范运行而采取了必要的监控措施,用以反映和考核项目实施单位对资金运行的控制情况	评价要点:① 是否已制定或具有相应的监控机制;② 是否采取了相应的财务检查等必要的监控措施或手段

一级指标	二级指标	三级指标	指标解释	指标说明
产出	项目产出	实际完成率	项目实施的实际产出数与计划产出数的比率,用以反映和考核项目产出数量目标的实现程度	实际完成率＝(实际产出数/计划产出数)×100%。实际产出数:一定时期(本年度或项目期)内项目实际产出的产品或提供的服务数量。计划产出数:项目绩效目标确定的在一定时期(本年度或项目期)内计划产出的产品或提供的服务数量
		完成及时率	项目实际提前完成时间与计划完成时间的比率,用以反映和考核项目产出时效目标的实现程度	完成及时率＝〔(计划完成时间－实际完成时间)/计划完成时间〕×100%。实际完成时间:项目实施单位完成该项目实际所耗用的时间。计划完成时间:按照项目实施计划或相关规定完成该项目所需的时间
		质量达标率	项目完成的质量达标产出数与实际产出数的比率,用以反映和考核项目产出质量目标的实现程度	质量达标率＝(质量达标产出数/实际产出数)×100%。质量达标产出数:一定时期(本年度或项目期)内实际达到既定质量标准的产品或服务数量。既定质量标准是指项目实施单位设立绩效目标时依据计划标准、行业标准、历史标准或其他标准而设定的绩效指标值
		成本节约率	完成项目计划工作目标的实际节约成本与计划成本的比率,用以反映和考核项目的成本节约程度	成本节约率＝〔(计划成本－实际成本)/计划成本〕×100%。实际成本:项目实施单位如期、保质、保量完成既定工作目标实际所耗费的支出。计划成本:项目实施单位为完成工作目标计划安排的支出,一般以项目预算为参考

一级指标	二级指标	三级指标	指标解释	指标说明
效果	项目效益	经济效益	项目实施对经济发展所带来的直接或间接影响情况	此四项指标为设置项目支出绩效评价指标时必须考虑的共性要素,可根据项目实际并结合绩效目标设立情况有选择地进行设置,并将其细化为相应的个性化指标
		社会效益	项目实施对社会发展所带来的直接或间接影响情况	
		生态效益	项目实施对生态环境所带来的直接或间接影响情况	
		可持续影响	项目后续运行及成效发挥的可持续影响情况	
		社会公众或服务对象满意度	社会公众或服务对象对项目实施效果的满意程度	社会公众或服务对象是指因该项目实施而受到影响的部门(单位)、群体或个人。一般采取社会调查的方式

表3-3展示了部门整体支出绩效评价共性指标体系框架,包含投入、过程、产出和效果四个一级指标,目标设定、预算配置、预算执行、预算管理、资产管理、职责履行、履职效益七个二级指标,绩效目标合理性、绩效指标明确性、在职人员控制率、"三公经费"变动率、重点支出安排率、预算完成率、预算调整率、支付进度率、结转结余率、结转结余变动率、公用经费控制率、"三公经费"控制率、政府采购执行率、管理制度健全性、资金使用合规性、预决算信息公开性、基础信息完善性、管理制度健全性、资产管理安全性、固定资产利用率、实际完成率、完成及时率、质量达标率、重点工作办结率、经济效益、社会效益、生态效益、社会公众或服务对象满意度二十八个三级指标,并列出了指标解释和说明。

表 3-3 部门整体支出绩效评价共性指标体系框架

一级指标	二级指标	三级指标	指标解释	指标说明
投入	目标设定	绩效目标合理性	部门(单位)所设立的整体绩效目标依据是否充分,是否符合客观实际,用以反映和考核部门(单位)整体绩效目标与部门履职、年度工作任务的相符性情况	评价要点:① 是否符合国家法律法规、国民经济和社会发展总体规划;② 是否符合部门"三定"方案确定的职责;③ 是否符合部门制定的中长期实施规划
		绩效指标明确性	部门(单位)依据整体绩效目标所设定的绩效指标是否清晰、细化、可衡量,用以反映和考核部门(单位)整体绩效目标的明细化情况	评价要点:① 是否将部门整体的绩效目标细化分解为具体的工作任务;② 是否通过清晰、可衡量的指标值予以体现;③ 是否与部门年度的任务数或计划数相对应;④ 是否与本年度部门预算资金相匹配
	预算配置	在职人员控制率	部门(单位)本年度实际在职人员数与编制数的比率,用以反映和考核部门(单位)对人员成本的控制程度	在职人员控制率=(在职人员数/编制数)×100%。在职人员数:部门(单位)实际在职人数,以财政部确定的部门决算编制口径为准。编制数:机构编制部门核定批复的部门(单位)的人员编制数
		"三公经费"变动率	部门(单位)本年度"三公经费"预算数与上年度"三公经费"预算数的变动比率,用以反映和考核部门(单位)对控制重点行政成本的努力程度	"三公经费"变动率=[(本年度"三公经费"总额－上年度"三公经费"总额)/上年度"三公经费"总额]×100%。"三公经费":年度预算安排的因公出国(境)费、公务车辆购置及运行费和公务招待费
		重点支出安排率	部门(单位)本年度预算安排的重点项目支出与部门项目总支出的比率,用以反映和考核部门(单位)对履行主要职责或完成重点任务的保障程度	重点支出安排率=(重点项目支出/项目总支出)×100%。重点项目支出:部门(单位)年度预算安排的,与本部门履职和发展密切相关,具有明显社会和经济影响、党委政府关心或社会比较关注的项目支出总额。项目总支出:部门(单位)年度预算安排的项目支出总额

一级指标	二级指标	三级指标	指标解释	指标说明
过程	预算执行	预算完成率	部门(单位)本年度预算完成数与预算数的比率,用以反映和考核部门(单位)预算完成程度	预算完成率=(预算完成数/预算数)×100%。预算完成数:部门(单位)本年度实际完成的预算数。预算数:财政部门批复的本年度部门(单位)预算数
		预算调整率	部门(单位)本年度预算调整数与预算数的比率,用以反映和考核部门(单位)预算的调整程度	预算调整率=(预算调整数/预算数)×100%。预算调整数:部门(单位)在本年度内涉及预算的追加、追减或结构调整的资金总和(因落实国家政策、发生不可抗力、上级部门或本级党委政府临时交办而产生的调整除外)
		支付进度率	部门(单位)实际支付进度与既定支付进度的比率,用以反映和考核部门(单位)预算执行的及时性和均衡性程度	支付进度率=(实际支付进度/既定支付进度)×100%。实际支付进度:部门(单位)在某一时点的支出预算执行总数与年度支出预算数的比率。既定支付进度:由部门(单位)在申报部门整体绩效目标时,参照序时支付进度、前三年支付进度、同级部门平均支付进度水平等确定的,在某一时点应达到的支付进度(比率)
		结转结余率	部门(单位)本年度结转结余总额与支出预算数的比率,用以反映和考核部门(单位)对本年度结转结余资金的实际控制程度	结转结余率=结转结余总额/支出预算数×100%。结转结余总额:部门(单位)本年度的结转资金与结余资金之和(以决算数为准)
		结转结余变动率	部门(单位)本年度结转结余资金总额与上年度结转结余资金总额的变动比率,用以反映和考核部门(单位)对控制结转结余资金的努力程度	结转结余变动率=[(本年度累计结转结余资金总额-上年度累计结转结余资金总额)/上年度累计结转结余资金总额]×100%

一级指标	二级指标	三级指标	指标解释	指标说明
		公用经费控制率	部门(单位)本年度实际支出的公用经费总额与预算安排的公用经费总额的比率,用以反映和考核部门(单位)对机构运转成本的实际控制程度	公用经费控制率＝(实际支出公用经费总额/预算安排公用经费总额)×100%
		"三公经费"控制率	部门(单位)本年度"三公经费"实际支出数与预算安排数的比率,用以反映和考核部门(单位)对"三公经费"的实际控制程度	"三公经费"控制率＝("三公经费"实际支出数/"三公经费"预算安排数)×100%
		政府采购执行率	部门(单位)本年度实际政府采购金额与年初政府采购预算的比率,用以反映和考核部门(单位)政府采购预算执行情况	政府采购执行率＝(实际政府采购金额/政府采购预算数)×100%;政府采购预算:采购机关根据事业发展计划和行政任务编制的、并经过规定程序批准的年度政府采购计划
	预算管理	管理制度健全性	部门(单位)为加强预算管理、规范财务行为而制定的管理制度是否健全完整,用以反映和考核部门(单位)预算管理制度对完成主要职责或促进事业发展的保障情况	评价要点:① 是否已制定或具有预算资金管理办法、内部财务管理制度、会计核算制度等管理制度;② 相关管理制度是否合法、合规、完整;③ 相关管理制度是否得到有效执行
		资金使用合规性	部门(单位)使用预算资金是否符合相关的预算财务管理制度的规定,用以反映和考核部门(单位)预算资金的规范运行情况	评价要点:① 是否符合国家财经法规和财务管理制度规定以及有关专项资金管理办法的规定;② 资金的拨付是否有完整的审批程序和手续;③ 项目的重大开支是否经过评估论证;④ 是否符合部门预算批复的用途;⑤ 是否存在截留、挤占、挪用、虚列支出等情况
		预决算信息公开性	部门(单位)是否按照政府信息公开有关规定公开相关预决算信息,用以反映和考核部门(单位)预决算管理的公开透明情况	评价要点:① 是否按规定内容公开预决算信息;② 是否按规定时限公开预决算信息。预决算信息是指与部门预算、执行、决算、监督、绩效等管理相关的信息

一级指标	二级指标	三级指标	指标解释	指标说明
		基础信息完善性	部门(单位)基础信息是否完善,用以反映和考核基础信息对预算管理工作的支撑情况	评价要点:① 基础数据信息和会计信息资料是否真实;② 基础数据信息和会计信息资料是否完整;③ 基础数据信息和会计信息资料是否准确
	资产管理	管理制度健全性	部门(单位)为加强资产管理、规范资产管理行为而制定的管理制度是否健全完整,用以反映和考核部门(单位)资产管理制度对完成主要职责或促进社会发展的保障情况	评价要点:① 是否已制定或具有资产管理制度;② 相关资金管理制度是否合法、合规、完整;③ 相关资产管理制度是否得到有效执行
		资产管理安全性	部门(单位)的资产是否保存完整、使用合规、配置合理、处置规范、收入及时足额上缴,用以反映和考核部门(单位)资产安全运行情况	评价要点:① 资产保存是否完整;② 资产配置是否合理;③ 资产处置是否规范;④ 资产账务管理是否合规,是否账实相符;⑤ 资产是否有偿使用及处置收入及时足额上缴
		固定资产利用率	部门(单位)实际在用固定资产总额与所有固定资产总额的比率,用以反映和考核部门(单位)固定资产使用效率程度	固定资产利用率=(实际在用固定资产总额/所有固定资产总额)×100%
产出	职责履行	实际完成率	部门(单位)履行职责而实际完成工作数与计划工作数的比率,用以反映和考核部门(单位)履职工作任务目标的实现程度	实际完成率=(实际完成工作数/计划工作数)×100%。实际完成工作数:一定时期(年度或规划期)内部门(单位)实际完成工作任务的数量。计划工作数:部门(单位)整体绩效目标确定的一定时期(年度或规划期)内预计完成工作任务的数量
		完成及时率	部门(单位)在规定时限内及时完成的实际工作数与计划工作数的比率,用以反映和考核部门履职时效目标的实现程度	完成及时率=(及时完成实际工作数/计划工作数)×100%。及时完成实际工作数:部门(单位)按照整体绩效目标确定的时限实际完成的工作任务数量

一级指标	二级指标	三级指标	指标解释	指标说明
		质量达标率	达到质量标准(绩效标准值)的实际工作数与计划工作数的比率,用以反映和考核部门履职质量目标的实现程度	质量达标率＝(质量达标实际工作数/计划工作数)×100%。质量达标实际工作数:一定时期(年度或规划期)内部门(单位)实际完成工作数中达到部门绩效目标要求(绩效标准值)的工作任务数量
		重点工作办结率	部门(单位)年度重点工作实际完成数与交办或下达数的比率,用以反映部门(单位)对重点工作的办理落实程度	重点工作办结率＝(重点工作实际完成数/交办或下达数)×100%。重点工作是指党委、政府、人大、相关部门交办或下达的工作任务
效益	履职效益	经济效益	部门(单位)履行职责对经济发展所带来的直接或间接影响	此三项指标为设置部门整体支出绩效评价指标时必须考虑的共性要素,可根据部门实际并结合部门整体支出绩效目标设立情况有选择地进行设置,并将其细化为相应的个性化指标
		社会效益	部门(单位)履行职责对社会发展所带来的直接或间接影响	
		生态效益	部门(单位)履行职责对生态环境所带来的直接或间接影响	
		社会公众或服务对象满意度	社会公众或部门(单位)的服务对象对部门履职效果的满意程度	社会公众或服务对象是指部门(单位)履行职责而影响到的部门、群体或个人。一般采取社会调查的方式

　　表3－4展示了财政预算绩效评价共性指标体系框架,包含投入、过程和效果三个一级指标,预算安排、预算执行、经济效益、社会效益、生态效益、社会公众满意度六个二级指标,人员经费保障率、公用经费保障率、人均公用经费变动率、民生支出占比、民生支出占比变动率、"三公经费"变动率、预算完整性、预算平衡性、财政供养人员控制率、债务率、收入完成率、支出完成率、支出均衡率、资金结转率、资金结转变动率、"三公经费"控制率、总预算暂存暂付率、财政总收入占GDP的比重、税收

收入占比、税收收入占比变动率、非税收入占比、非税收入占比变动率、财政支出乘数、城镇居民人均可支配收入变动率、农村居民人均纯收入变动率、人均受教育年限变动率、人均期望寿命变动率、城镇登记失业率变动率、空气质量变动率、人均公共绿地面积变动率、万元 GDP 能耗变动率、社会公众满意度三十二个三级指标，并列出了指标解释和说明。

表 3-4　财政预算绩效评价共性指标体系框架

一级指标	二级指标	三级指标	指标解释	指标说明
投入	预算安排	人员经费保障率	本年度预算安排的在职人均人员经费与在职人员经费标准的比率，用以反映和考核某一地区财政"保工资"状况	人员经费保障率＝(在职人均人员经费/在职人员经费标准)×100%。在职人均人员经费＝在职人员经费总额/在职财政供养人数。在职人员经费标准：根据合规合法的相关政策核定的当地在职人员人均经费水平
		公用经费保障率	本年度预算安排的在职人员人均公用经费与在职人员人均公用经费标准的比率，用以反映和考核某一地区财政"保运转"水平	公用经费保障率＝人均公用经费/人均公用经费标准。人均公用经费＝公用经费总额/在职财政供养人数。人均公用经费标准：同类地区人均公用经费的平均水平
		人均公用经费变动率	本年度在职人均公用经费与上年度在职人均公用经费的变动比率，用以反映和考核某一地区财政改善"保运转"状况的努力程度	人均公用经费变动率＝[(本年度人均公用经费－上年度人均公用经费)/上年度人均公用经费]×100%
		民生支出占比	本年度民生支出数占当年公共财政预算支出的比重，一般通过与同类地区民生支出占比的比较，用以反映和考核某一地区财政"保民生"状况	民生支出占比＝(民生支出数/当年公共财政预算支出数)×100%。民生支出数：以财政部确定的民生支出统计口径为准
		民生支出占比变动率	本年度民生支出占比与上年度民生支出占比的变动比率，用以反映和考核某一地区财政改善民生的努力程度	民生支出占比变动率＝[(本年度民生支出占比－上年度民生支出占比)/上年度的民生支出占比]×100%

一级指标	二级指标	三级指标	指标解释	指标说明
		"三公经费"变动率	本年度"三公经费"支出总额与上年度"三公经费"支出总额的变动比率,用以反映和考核某一地区财政控制和压缩重点行政成本的努力程度	"三公经费"变动率=[(本年度"三公经费"支出总额－上年度"三公经费"支出总额)/上年度"三公经费"支出总额]×100%
		预算完整性	纳入政府预算管理的各类预算是否完整,用以反映和考核某一地区财政预算综合管理的水平	评价要点:① 公共财政预算是否纳入政府预算管理;② 国有资本经营预算是否纳入政府预算管理;③ 政府性基金预算是否纳入政府预算管理;④ 社会保障预算是否纳入政府预算管理
		预算平衡性	本地区财政预算收支差额(预算净结余)是否为非负,用以反映和考核某一地区财政预算平衡情况	预算净结余=预算收入数－预算支出数
		财政供养人员控制率	本年度实际在职财政供养人员与标准在职财政供养人员的比率,反映和考核对某一地区财政对本级财政供养人数的实际控制程度	财政供养人员控制率=[(实际在职财政供养人员数－标准在职财政供养人数)/标准在职财政供养人数]×100%
		债务率	本年末本级政府性债务余额占综合财力的比重,反映和考核某一地区财政对债务规模和债务风险的控制程度	债务率=(本年末本级政府性债务余额/本年本地综合财力)×100%。综合财力:即政府公共财政预算支出、政府性基金支出、国有资本经营预算支出之和
过程	预算执行	收入完成率	本年度公共财政预算收入实际完成数与公共财政收入预算数的比率,用以反映和考核某一地区收入预算的完成程度	收入完成率=(预算收入实际完成数/收入预算数)×100%。收入预算数:当地政府预算批复的本年度公共财政预算收入数
		支出完成率	本年度公共财政预算支出完成数与公共财政支出预算数的比率,用以反映和考核某一地区支出预算的实际执行情况	支出完成率=(预算支出完成数/支出预算数)×100%。预算支出完成数:某一地区本年度实际完成的公共财政预算支出数。预算支出数:当地政府预算批复的本年度公共预算支出数

一级指标	二级指标	三级指标	指标解释	指标说明
		支出均衡率	某一时点公共财政预算支出执行进度与支出进度标准的比率,用以反映和考核支出预算及时性和均衡性程度	支出均衡率＝(支出执行进度/支出进度标准)×100％。支出执行进度:某一地区财政在某一时点的公共财政支出预算执行数与本年度公共财政支出预算的比率。支出进度标准:某一地区财政部门参照序时支付进度、前三年平均支付进度、同一地区同级财政部门平均支付进度等确定的年度支出进度计划
		资金结转率	本年度结转资金总额与公共财政支出预算的比率,用以反映和考核某一地区财政对结转资金的控制程度	资金结转率＝(结转资金总额/公共财政支出预算)×100％
		资金结转变动率	本年度结转资金总额与上年度结转资金总额的变动比率,反映和考核某一地区财政控制结转资金的努力程度	资金结转变动率＝[(本年度结转资金总额－上年度结转资金总额)/上年度结转资金总额]×100％
		"三公经费"控制率	本年度"三公经费"实际支出数与预算数的比率,用以反映和考核某一地区财政对重点行政成本的控制程度	"三公经费"控制率＝(本年度"三公经费"实际支出数/"三公经费"预算数)×100％
		总预算暂存暂付率	总预算暂存款、暂付款期末余额与当年公共财政支出预算的比率,用以反映和考核某一地区财政对本级财政周转资金规模的控制程度	总预算暂存暂付率＝(总预算暂存款、暂付款期末余额/当年公共财政支出预算)×100％

一级指标	二级指标	三级指标	指标解释	指标说明
效果	经济效益	财政总收入占 GDP 的比重	本年度财政总收入占国内生产总值（GDP）的比重，用以反映和考核某一地区筹集财政收入及当地对经济和社会发展调控能力的水平	财政总收入占 GDP 的比重＝财政总收入/GDP。财政总收入:指当地当年的公共财政收入、政府性基金收入(不含国有土地使用权收入)、国有资本经营收入、社会保障收入
		税收收入占比	本年度税收收入占公共财政预算收入的比重，一般可与同类地区税收收入占比的平均水平或与本地区确定的税收收入占比目标比较，用以反映和考核某一地区公共财政收入质量情况	税收收入占比＝(税收收入/公共财政预算收入)×100%
		税收收入占比变动率	本年度税收收入占比与上年度税收收入占比的变动比率，用以反映和考核某一地区在改善公共财政收入质量方面的努力程度	税收收入占比变动率＝[(本年度税收收入占比－上年度税收收入占比)/上年度税收收入占比]×100%
		非税收入占比	本年度非税收入占公共财政预算收入的比重，一般可与同类地区非税收入占比的平均水平或与本地区确定的非税收入占比目标比较，用以反映和考核某一地区公共财政收入质量情况	非税收入占比＝(非税收入/公共财政预算收入)×100%
		非税收入占比变动率	本年度非税收入占比与上年度非税收入占比的变动比率，用以反映和考核某一地区在改善公共财政收入质量方面的努力程度	非税收入占比变动率＝[(本年度非税收入占比－上年度非税收入占比)/上年度非税收入占比]×100%
		财政支出乘数	当地国内生产总值(GDP)变动量与公共财政预算支出变动量之间的比值，用以反映和考核某一地区财政支出对当地经济的带动效应	财政支出乘数＝当地 GDP 变动量/公共财政预算支出变动量。GDP 变动量＝当年 GDP－上年 GDP。公共财政预算支出变动量＝当年公共财政预算支出－上年公共财政预算支出

一级指标	二级指标	三级指标	指标解释	指标说明
	社会效益	城镇居民人均可支配收入变动率	本年城镇居民人均可支配收入与上年城镇居民人均可支配收入的变动比率，用以反映和考核某一地区城镇居民的生活水平改善程度	城镇居民人均可支配收入变动率＝[(本年城镇居民人均可支配收入－上年城镇居民人均可支配收入)/上年城镇居民人均可支配收入]×100％。城镇居民人均可支配收入＝城镇居民可支配收入/当地城镇居民人口
		农村居民人均纯收入变动率	本年农村居民人均纯收入与上年农村居民人均纯收入的变动比率，用以反映和考核某一地区农村居民生活水平的改善程度	农村居民人均纯收入变动率＝[(本年农村居民人均纯收入－上年农村居民人均纯收入)/上年农村居民人均纯收入]×100％；农村居民人均纯收入＝农村纯收入/当地农村居民人口
		人均受教育年限变动率	本年人均受教育年限与上年人均受教育年限的变动比率，用以反映和考核某一地区教育普及的改善程度	人均受教育年限变动率＝[(本年人均受教育年限－上年人均受教育年限)/上年人均受教育年限]×100％。人均受教育年限＝受教育总年限/当地总人口
		人均期望寿命变动率	某一地区本年人均期望寿命值与上年人均期望寿命值的变动比率，用以反映和考核某一地区居民健康水平改善程度	人均期望寿命变动率＝[(本年人均期望寿命－上年人均期望寿命)/上年人均期望寿命]×100％。人均期望寿命：0岁人口的平均预期寿命
		城镇登记失业率变动率	本年城镇登记失业率与上年城镇登记失业率的变动比率，用以反映和考核某一地区城镇居民就业状况的改善程度	城镇登记失业率变动率＝[(本年城镇登记失业率－上年城镇登记失业率)/上年城镇登记失业率]×100％。城镇登记失业率＝城镇登记失业人员期末实有人数/(城镇期末从业人员总数＋城镇登记失业人员期末实有人数)×100％
	生态效益	空气质量变动率	当年空气质量与上年空气质量的变动比率，用以反映和考核某一地区空气质量的改善程度	空气质量变动率＝[(当年空气质量监测均值－上年空气质量监测均值)/上年空气质量监测均值]×100％。空气质量监测均值＝全年空气质量监测值之和/12

一级指标	二级指标	三级指标	指标解释	指标说明
		人均公共绿地面积变动率	当地居民拥有的平均绿地面积的变动情况,用以反映和考核某一地区生态环境的改善程度	人均公共绿地面积变动率＝[(当年人均公共绿地面积－上年人均公共绿地面积)/上年人均公共绿地面积]×100%。人均公共绿地面积＝绿地总面积/当地居民总人数
		万元GDP能耗变动率	当年万元GDP能耗与上年万元GDP能耗的变动比率,用以反映和考核某一地区节能减排水平的改善程度	万元GDP能耗变动率＝[(当年万元GDP能耗－上年万元GDP能耗)/上年万元GDP能耗]×100%。万元GDP能耗＝综合能源消费量(吨标准煤)/GDP(万元)
	社会公众满意度	社会公众满意度	社会公众对当地财政理财效果的满意程度	社会公众是指辖区内的部门(单位)、群体或个人,一般采取社会调查的方式

　　《项目支出绩效评价管理办法》(财预〔2020〕10 号)在《财政支出绩效评价管理暂行办法》(财预〔2011〕285 号)的基础上,更新了项目支出绩效自评表、项目支出绩效评价指标体系框架(参考)、项目支出绩效评价报告(参考提纲),为全面实施预算绩效管理,建立科学、合理的项目支出绩效评价管理体系提供了有效指导。表 3-5 为项目支出绩效自评表。

表 3-5　项目支出绩效自评表
项目支出绩效自评表
(　　年度)

项目名称			
主管部门		实施单位	

		年初预算数	全年预算数	全年执行数	分值	执行率	得分
项目资金（万元）	年度资金总额				10		
	其中：当年财政拨款				—		—
	上年结转资金				—		—
	其他资金				—		—

年度总体目标		预期目标				实际完成情况			

绩效指标	一级指标	二级指标	三级指标		年度指标值	实际完成值	分值	得分	偏差原因分析及改进措施
	产出指标	数量指标	指标1：						
			指标2：						
			……						
		质量指标	指标1：						
			指标2：						
			……						
		时效指标	指标1：						
			指标2：						
			……						
		成本指标	指标1：						
			指标2：						
			……						
	效益指标	经济效益指标	指标1：						
			指标2：						
			……						
		社会效益指标	指标1：						
			指标2：						
			……						
		生态效益指标	指标1：						
			指标2：						
			……						
		可持续影响指标	指标1：						
			指标2：						
			……						
	满意度指标	服务对象满意度指标	指标1：						
			指标2：						
			……						
总分					100				

表3-6为项目支出绩效评价指标体系框架(参考)。包括决策、过程、产出和效益四个一级指标,项目立项、绩效目标、资金投入、资金管理、组织实施、产出数量、产出质量、产出时效、产出成本、项目效益十个二级指标,立项依据充分性、立项程序规范性、绩效目标合理性、绩效指标明确性、预算编制科学性、资金分配合理性、资金到位率、预算执行率、资金使用合规性、管理制度健全性、制度执行有效性、实际完成率、质量达标率、完成及时性、成本节约率、实施效益、满意度十七个三级指标,指标解释和指标说明详见下表。

表3-6　项目支出绩效评价指标体系框架(参考)

一级指标	二级指标	三级指标	指标解释	指标说明
决策	项目立项	立项依据充分性	项目立项是否符合法律法规、相关政策、发展规划以及部门职责,用以反映和考核项目立项依据情况	评价要点: ① 是否符合国家法律法规、国民经济发展规划和相关政策; ② 是否符合行业发展规划和政策要求; ③ 是否与部门职责范围相符,属于部门履职所需; ④ 是否属于公共财政支持范围,是否符合中央、地方事权支出责任划分原则; ⑤ 是否与相关部门同类项目或部门内部相关项目重复
		立项程序规范性	项目申请、设立过程是否符合相关要求,用以反映和考核项目立项的规范情况	评价要点: ① 是否按照规定的程序申请设立; ② 审批文件、材料是否符合相关要求; ③ 事前是否已经过必要的可行性研究、专家论证、风险评估、绩效评估、集体决策

一级指标	二级指标	三级指标	指标解释	指标说明
绩效目标		绩效目标合理性	项目所设定的绩效目标是否依据充分,是否符合客观实际,用以反映和考核项目绩效目标与项目实施的相符情况	评价要点: (如未设定预算绩效目标,也可考核其他工作任务目标) ① 是否有绩效目标; ② 项目绩效目标与实际工作内容是否具有相关性; ③ 项目预期产出效益和效果是否符合正常的业绩水平; ④ 是否与预算确定的项目投资额或资金量相匹配
		绩效指标明确性	依据绩效目标设定的绩效指标是否清晰、细化、可衡量等,用以反映和考核项目绩效目标的明细化情况	评价要点: ① 是否将项目绩效目标细化分解为具体的绩效指标; ② 是否通过清晰、可衡量的指标值予以体现; ③ 是否与项目目标任务数或计划数相对应
资金投入		预算编制科学性	项目预算编制是否经过科学论证、有明确标准,资金额度与年度目标是否相适应,用以反映和考核项目预算编制的科学性、合理性情况	评价要点: ① 预算编制是否经过科学论证; ② 预算内容与项目内容是否匹配; ③ 预算额度测算依据是否充分,是否按照标准编制; ④ 预算确定的项目投资额或资金量是否与工作任务相匹配
		资金分配合理性	项目预算资金分配是否有测算依据,与补助单位或地方实际是否相适应,用以反映和考核项目预算资金分配的科学性、合理性情况	评价要点: ① 预算资金分配依据是否充分; ② 资金分配额度是否合理,与项目单位或地方实际是否相适应

一级指标	二级指标	三级指标	指标解释	指标说明
过程	资金管理	资金到位率	实际到位资金与预算资金的比率,用以反映和考核资金落实情况对项目实施的总体保障程度	资金到位率＝(实际到位资金/预算资金)×100％。 实际到位资金:一定时期(本年度或项目期)内落实到具体项目的资金。 预算资金:一定时期(本年度或项目期)内预算安排到具体项目的资金
		预算执行率	项目预算资金是否按照计划执行,用以反映或考核项目预算执行情况	预算执行率＝(实际支出资金/实际到位资金)×100％。 实际支出资金:一定时期(本年度或项目期)内项目实际拨付的资金
		资金使用合规性	项目资金使用是否符合相关的财务管理制度规定,用以反映和考核项目资金的规范运行情况	评价要点: ① 是否符合国家财经法规和财务管理制度以及有关专项资金管理办法的规定; ② 资金的拨付是否有完整的审批程序和手续; ③ 是否符合项目预算批复或合同规定的用途; ④ 是否存在截留、挤占、挪用、虚列支出等情况
	组织实施	管理制度健全性	项目实施单位的财务和业务管理制度是否健全,用以反映和考核财务和业务管理制度对项目顺利实施的保障情况	评价要点: ① 是否已制定或具有相应的财务和业务管理制度; ② 财务和业务管理制度是否合法、合规、完整
		制度执行有效性	项目实施是否符合相关管理规定,用以反映和考核相关管理制度的有效执行情况	评价要点: ① 是否遵守相关法律法规和相关管理规定; ② 项目调整及支出调整手续是否完备; ③ 项目合同书、验收报告、技术鉴定等资料是否齐全并及时归档; ④ 项目实施的人员条件、场地设备、信息支撑等是否落实到位

一级指标	二级指标	三级指标	指标解释	指标说明
产出	产出数量	实际完成率	项目实施的实际产出数与计划产出数的比率,用以反映和考核项目产出数量目标的实现程度	实际完成率＝(实际产出数/计划产出数)×100%。 实际产出数:一定时期(本年度或项目期)内项目实际产出的产品或提供的服务数量。 计划产出数:项目绩效目标确定的在一定时期(本年度或项目期)内计划产出的产品或提供的服务数量
	产出质量	质量达标率	项目完成的质量达标产出数与实际产出数的比率,用以反映和考核项目产出质量目标的实现程度	质量达标率＝(质量达标产出数/实际产出数)×100%。 质量达标产出数:一定时期(本年度或项目期)内实际达到既定质量标准的产品或服务数量。既定质量标准是指项目实施单位设立绩效目标时依据计划标准、行业标准、历史标准或其他标准而设定的绩效指标值
	产出时效	完成及时性	项目实际完成时间与计划完成时间的比较,用以反映和考核项目产出时效目标的实现程度	实际完成时间:项目实施单位完成该项目实际所耗用的时间。 计划完成时间:按照项目实施计划或相关规定完成该项目所需的时间
	产出成本	成本节约率	完成项目计划工作目标的实际节约成本与计划成本的比率,用以反映和考核项目的成本节约程度	成本节约率＝[(计划成本－实际成本)/计划成本]×100%。 实际成本:项目实施单位如期、保质、保量完成既定工作目标实际所耗费的支出。 计划成本:项目实施单位为完成工作目标计划安排的支出,一般以项目预算为参考
效益	项目效益	实施效益	项目实施所产生的效益	项目实施所产生的社会效益、经济效益、生态效益、可持续影响等。可根据项目实际情况有选择地设置和细化
		满意度	社会公众或服务对象对项目实施效果的满意程度	社会公众或服务对象是指因该项目实施而受到影响的部门(单位)、群体或个人。一般采取社会调查的方式

3.2.3　国内高校预算绩效管理体系

高校是全面实施预算绩效管理工作的重要载体,加快构建科学规范的高校预算管理机制,将绩效管理理念融入预算编制、执行和监督的过程,可以促进高校科学合理配置资源,提高其财政资金使用效益,推进高校进行"双一流"建设。《财政部关于推进预算绩效管理的指导意见》(财预〔2011〕416 号)中对预算绩效管理做出如下定义:预算绩效管理是政府绩效管理的重要组成部分,是一种以支出结果为导向的预算管理模式。强化政府预算为民服务的理念,强调预算支出的责任和效率,要求在预算编制、执行、监督的全过程中更加关注预算资金的产出和结果。[①] 图 3 - 2 为预算绩效管理的基本流程。

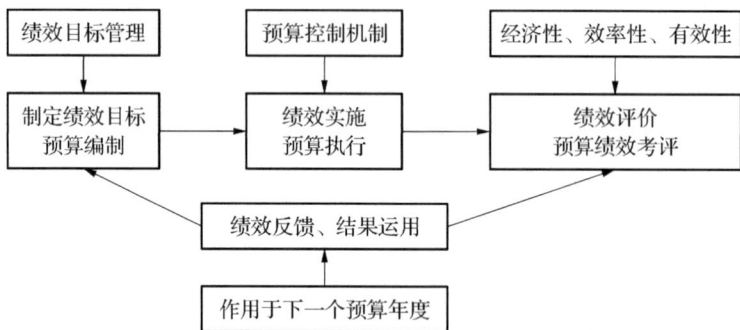

图 3 - 2　预算绩效管理流程图

杨周复等(2002)针对财务成效方面的评价,建立了高校财务绩效评价指标体系,是我国评价高校财务绩效的最早系统化成果,为我国高校开展财务绩效评价奠定坚实基础。[②] 郭银清(2006)将绩效预算管理视角聚焦于高校的内部院系,通过分析校内存在预算分配不民主、透明度差、缺乏预算

① 财政部.关于推进预算绩效管理的指导意见[Z].财预〔2011〕416 号.

② 杨周复,施建军.大学财务综合评价研究[M].北京:中国人民大学出版社,2002.

控制力度和激励机制等问题,提出根据绩效评价结果分配预算资金的资源分配机制。[①] 凌艳平(2010)提出把 BP 网络引入高校绩效预算管理中,提出一种基于 BP 神经网络的预算绩效考核模型。[②] 为将所有主要利益相关者囊括入考虑范围,任华(2011)提出将绩效棱柱引入预算绩效评价体系中,构建了高校绩效预算评价体系。[③] 田群利(2014)认为,我国高校预算管理体制还有很多不足之处,例如预算管理理念在高校管理层中的普及程度还不够,编撰预算管理体制时考虑不够周全,导致预算管理体制还有很多漏洞、预算管理方法缺乏创新意识等。针对这些问题,田群利提出一系列对策建议,主要包括预算管理理念的普及与革新,预算管理体系的强化等,表达出健全高校预算管理体系的前提是运用科学的预算方法。[④] 马静娴、蔡运记(2015)综合考虑预算的编制、执行、控制、考核等环节,将学校内部的所有人、财、物和教学科研活动纳入内部治理范畴,重新划定学校与二级学院的管理权,该研究侧重于预算管理在高校内部治理中的应用,旨在通过高校预算管理激发二级学院和基层学术活动组织的创新活力,从而全面提高高校的内部治理能力[⑤]。李志情、董玲(2016)认为高校预算管理最主要的问题是在编制预算方案时没有充分考虑到高校发展的目标,导致两者脱节的情况,大部分并没有按照高校实际发展目标与战略计划来确定资金使用的标准,导致资金的实际需求情况往往超过预算,预算与决算之间总是存在差异,并根据这个问题提出对应策略即设置合理的绩效目标。[⑥] 陈彩勤、何粟(2017)认为目前高校全过程预算绩效管理的主要问题是管理人员意识薄弱,在部分高校中,绩效管理甚至没有被纳入学校重点工作中,绩效工作

———————————

① 郭银清.建立高校绩效预算管理体系的研究[J].会计之友,2006(11):63 - 65.

② 凌艳平.基于 BP 网络的高校绩效预算管理模型[J].湖南广播电视大学学报,2010(1):86 - 88.

③ 任华.绩效棱柱在高校绩效预算评价体系中的应用[J].知识经济,2011(15):46 - 48.

④ 田群利.浅析高校预算管理存在的问题与对策[J].新经济,2014(26):95 - 96.

⑤ 马静娴,蔡运记.全面预算管理在高校内部治理中的应用研究[J].安徽工业大学学报(社会科学版),2015(4):52 - 53.

⑥ 李志情,董玲.高校预算绩效管理存在的问题及建议[J].会计之友,2016(8):89 - 91.

普遍由财务部门独自完成,基本都未设置专门的绩效管理岗位。由此可见,绩效管理观念必须普及,建议高校内部必须通过建立专业化的团队进行优化绩效管理工作,从决策、执行、监督、咨询等层面设立相关机构与工作小组。① 刘诗琦、赵聚辉(2019)认为高校对预算管理缺乏绩效管理理念,出现了资金经费使用不尽合理、资金使用效率不高等情况。在高校的预算绩效管理过程中,各个高校要根据预算绩效评价的结果,建立相符且合理的预算激励约束机制,建立丰富的预算绩效管理理念。② 王海妮(2019)结合高校实际情况,引入平衡计分卡,建立高校预算绩效评价指标体系,综合运用层次分析法、模糊综合评判法对高校财务预算绩效进行评价,并就提升高校运行质量提出合理化建议。③ 刘赟赟(2019)也指出高校需结合自身特点开发系统,并就目前高校预算管理面临的难点与挑战,提出应建立满足全面预算、内外部管理、项目管理、决策支持等需求的全面预算管理系统。④ 杨在忠(2020)基于价值指向,认为高校预算评价体系须涵盖价值体系、指标体系、组织环境体系和大数据分析方法等方面,价值体系反映高校教学科研活动的实现程度,指标体系是评价的具体内容体现,组织环境体系是保障绩效评价正常开展的制度、组织等辅助体系,大数据分析方法是绩效评价方法的创新。⑤ 陆炳林(2021)结合高校预算执行情况,从预算编制、预算执行、预算控制、预算评价四个方面分析预算管理问题,进而形成优化方案。⑥

---

① 陈彩勤,何粟.高校全过程预算绩效管理难点及对策研究[J].教育财会研究,2017,28(6):24-28.

② 刘诗琦,赵聚辉.我国高校预算绩效全过程管理的问题和对策研究[J].经济研究导刊,2019(14):151-152.

③ 王海妮.高校财务预算绩效模糊评价研究——以S高校为例[J].会计之友,2019(4):129-134.

④ 刘赟赟.基于高校实践的全面预算管理系统设计研究[J].会计之友,2019(5):87-90.

⑤ 杨在忠.基于价值指向的高校绩效评价体系框架研究[J].兰州交通大学学报,2020(2):152-155.

⑥ 陆炳林.公立高校预算管理优化问题与对策研究[D].扬州:扬州大学,2021.

3.3　全面预算绩效管理发展现状

综上所述,国外关于绩效预算的成果多萌芽于公共管理理论,因而在研究范畴上政府预算层面会有所侧重,但究其发展,绩效预算在促进高校发展中发挥的作用不可小觑,是实践检验下的实现国家、社会和高校资源配置和运用的最优解。同时,国外绩效预算的研究和应用历时较长,因而其成熟的理论和实践成果,都是我国高校全面预算绩效在发展中所值得借鉴的。

但是,由于国内外的政治环境和高校体制不同,实施绩效预算的条件和模式也不尽相同。除此之外,虽然国外关于政府绩效预算的研究有很多,但专门针对高校本身的绩效预算研究的文献相对较少,高校在管理方法、运行机制等方面与政府存在诸多差异,能否将政府绩效预算的理论直接应用于高校绩效预算中是学术界有待探讨的问题。因此,需从我国的实际情况出发,借鉴国内外绩效预算管理的相关理论和实践成果,优化出适合我国高校的绩效预算评价体系和实施方案。

国内学术界对于高校绩效预算的研究虽取得部分成就,但由于起步较晚,国内相关研究在理论方面缺乏整体性和系统性梳理,在实务方面缺少充分的实践成果和深度研究,新形势下各高校对绩效预算的认识还不够,各要素之间还缺乏协调发展的平衡机制。因此,对绩效预算及其运作体系进行深入研究,以推动高校建立健全预算绩效评估制度和运行机制,提高预算资金的使用效益,提升资源配置的管理水平,增强高校的办学实力和综合竞争力,促进学校高质量发展在当下尤为重要。[1]

115

---

① 曹寸.高校绩效预算研究[D].江苏科技大学,2014.

3.4 从制度层面回顾全面预算
绩效管理发展脉络

自1991年以来,我国预算绩效管理从探索起步逐步走向成熟定型,其间中央发布了部门规范性文件、部门工作文件、行政许可批复等一系列文件来规范预算绩效管理。本节梳理了1991年至今比较典型的预算管理相关文件,以帮助各位读者更好地把握预算绩效管理发展脉络和方向。

表 3－7 预算管理制度文件一览表

时间	文件名称	发布部门	原文	意义	时效性
1991 年 10 月 21 日	《国家预算管理条例》	国务院	为了加强国家预算管理，强化国家预算的分配、调控和监督职能，促进经济和社会的稳定发展，根据《中华人民共和国宪法》，制定本条例。	首次对预算管理做出系统规定	失效
1994 年 3 月 22 日	《中华人民共和国预算法》	全国人民代表大会	为了强化预算的分配和监督职能，健全国家对预算的管理，加强国家宏观调控，保障经济社会的健康发展，根据宪法，制定本法。	进一步明确预算管理规定	已被修改
2001 年 7 月 27 日	《中央部门项目支出预算管理试行办法》	财政部	为规范和加强中央行政事业单位项目支出预算管理，提高资金使用效益，促进行政工作任务和事业发展，依据《中华人民共和国预算法》，制定本办法。 项目支出预算是中央级行政事业单位为完成其特定的工作任务或事业发展目标，在基本支出预算之外编制的年度项目支出计划。 本办法适用于中央级行政事业单位由行政事业费开支的项目，主要包括大型修缮、大型会议和其他行政事业性项目	以绩效考评为抓手的政府预算改革开始起步	失效
2003 年 9 月 30 日	《中央级行政经费项目支出绩效考评管理办法（试行）》	财政部	为规范和加强中央级行政经费项目支出管理，提高资金使用效益，根据财政部关于子部门预算管理的有关规定和有关财务规章制度，结合中央级行政经费管理的实际情况，制定本办法。 本办法所称"中央级行政经费"，是指行政事业费支出、外交外事支出，其他专项事业支出。 项目考评范围主要包括专项计划、大型修缮、大型购置、大型会议等项目	对特定中央级行政经费项目支出管理做出规定	失效

时间	文件名称	发布部门	原文	意义	时效性
2003年10月14日	《中共中央关于完善社会主义市场经济体制若干问题的决定》	中国共产党中央委员会	推进财政管理体制改革。健全公共财政体制，明确各级政府的财政支出责任。进一步完善财政转移支付制度。加大对中西部地区和民族地区的财政支持。深化部门预算、国库集中收付、政府采购和收支两条线管理改革。清理和规范行政事业性收费。凡能纳入预算的都要纳入预算管理。改革预算编制制度，完善预算编制，执行的制衡机制，加强审计监督。实行全口径预算管理和对预算的有效监控。加强各级人民代表大会对本级政府预算的审查和监督	该报告在"完善财税体制改革部分提出"建立预算绩效评价体系"的设想，这是中央政府第一次将"预算绩效评价"改革列入此官方文件之中，从此揭开财政绩效改革的大幕	现行有效
2004年3月22日	《全面推进依法行政实施纲要》	国务院	推行行政执法责任制。依法界定执法职责，科学设定执法岗位，规范执法程序。要建立公开、公平、公正的评议考核制和执法过错责任追究制，评议考核应当听取公众的意见。要积极探索行政执法绩效评估和奖惩办法	将"行政执法绩效评估"作为加快行政执法体制、加快行政程序建设、规范行政执法行为的措施之一	现行有效
2004年6月26日	《国务院工作规则》	国务院	强化公共服务职能，完善公共政策，推进公共产品和服务的市场化进程，建立公共产品和服务的监管和绩效评估制度，讲求质量、降低成本、提高效益	这是关于公共产品和服务供给绩效评价的努力提供公共产品和服务体系，第一次正式表述，标志着中央政府对此的正式认可	已被修改
2004年10月18日	《中央经济建设部门预算绩效考评管理办法(试行)》	财政部	中央经济建设部门预算绩效考评(以下简称部门绩效考评)是指：中央财政和中央经济建设部门，采取科学、规范的考评方法，运用一定的指标体系和考评标准，对中央预算	对中央经济建设部门预算绩效考评管理做出规定	失效

时间	文件名称	发布部门	原文	意义	时效性
2004 年 12 月 23 日	《财政部关于开展中央政府投资项目预算绩效评价工作的指导意见》	财政部	部门运用财政资金实现部门职能目标的程度、成本及效果情况进行科学、客观、公正的综合评价 预算绩效评价工作是预算管理的重要环节。开展中央政府投资项目预算绩效评价工作，既是改进和加强中央各部门、各单位部门预算管理的重要环节，也是促进各部门、各单位进一步调整投资投资方向、优化投资结构，进一步提高投资效益的重要措施。 各部门、各单位要将中央政府投资项目预算绩效评价作为一项重要工作列入议事日程。充分认识开展中央政府投资项目预算绩效评价工作的重要意义，统一思想，加强学习，深入研究，积极创造条件开展好此项工作。当前可从自身实际出发，选择一些具有代表性的、重点项目项目为试点，通过试点工作，在指标构建和评价方法上积累相关经验，待条件成熟后，对本部门行业或中央政府投资项目全面开展预算绩效评价工作	要求各部门加快建立预算绩效评价体系，加强中央政府投资项目（主要指中央预算内基建资金和国债项目资金）预算管理	现行有效
2005 年 4 月 2 日	《国务院 2005 年工作要点》	国务院	大力加强政风建设和反腐倡廉工作。严格规范领导干部从政行为，坚决查办违纪违法案件。不断推进治本抓源头工作。严格执行统计法。探索建立科学的政府绩效评估体系和经济社会发展综合评价和工作督查。健全工作报告和文风，改进会议和文风。按照建立责任制度。切实减少会议和文件，改进会议和文风。健全制度，监督并重的惩治和预防腐败体系的要求，严格执行反腐倡廉工作责任制。积极做好国家公务员法的有关工作，加强对公务员的教育、管理和监督	意味着已将绩效评价提上中央政府的工作日程	现行有效

时间	文件名称	发布部门	原文	意义	时效性
2005年5月25日	《中央部门预算支出绩效考评管理办法（试行）》	财政部	本办法所称中央部门，是指与财政部直接发生预算缴款、拨款关系的国家机关（含武警部队）、政党组织，事业单位和社会团体等。本办法所称部门预算支出绩效考评（以下统称"绩效考评"），是指运用一定的考核方法、量化指标及评价标准，对中央部门为实现其职能所确定绩效目标的实现程度，以及为实现这一目标安排预算的执行结果所进行的综合性考核与评价	对中央部门预算绩效考评做出针对性指导	失效
2006年4月7日	《中央企业综合绩效评价暂行办法》	国务院国有资产监督管理委员会	为加强对国务院国有资产监督管理委员会（以下简称国资委）履行出资人职责工作，规范企业综合绩效评价工作、综合反映企业资产运营质量，促进提高资本回报水平、正确引导企业经营行为，制定本办法。有资产监督管理委员会综合绩效评价，是指以投入产出分析为基本方法，通过建立综合评价指标体系，对照相应行业评价标准，对企业特定经营期间的盈利能力、资产质量、债务风险，经营增长以及管理状况等进行的综合评判	建立中央企业绩效评价管理体系	现行有效
2006年9月12日	《中央企业综合绩效评价实施细则》	国务院国有资产监督管理委员会	为规范开展中央企业（以下简称中央企业）综合绩效评价工作，有效发挥综合绩效评价工作的评判、引导和诊断作用，推动企业提高经营管理水平。根据《中央企业综合绩效评价暂行办法》（国资委令第14号）制定本实施细则	进一步明确中央企业综合绩效评价实施内容	现行有效

时间	文件名称	发布部门	原文	意义	时效性
2007年10月15日	《高举中国特色社会主义伟大旗帜 为夺取全面建设小康社会新胜利而奋斗——在中国共产党第十七次全国代表大会上的报告》	中国共产党中央委员会	深化财税、金融等体制改革，完善宏观调控体系。围绕推进基本公共服务均等化和主体功能区建设，完善公共财政体系。深化预算管理改革，强化预算管理和监督，健全中央和地方财力与事权相匹配的体制，提高一般性转移支付规模和比例，加大对革命老区、民族地区、边疆地区、贫困地区的转移支付。完善省以下财政体制，增强基层政府提供公共服务能力。实行有利于科学发展的财税制度，建立健全资源有偿使用制度和生态环境补偿机制。推进金融体制改革，发展各类金融市场，形成多种所有制和多种经营形式、结构合理、功能完善、高效安全的现代金融体系。提高银行业、证券业、保险业竞争力。优化资本市场结构，多渠道提高直接融资比重。加强和改进金融监管，防范和化解金融风险。完善人民币汇率形成机制，逐步实现资本项目可兑换。深化投资体制改革，健全和严格市场准入制度。完善国家规划体系，发挥国家发展规划、计划、产业政策在宏观调控中的导向作用，综合运用财政、货币政策，提高宏观调控水平	十七大报告具有里程碑意义，表明绩效评价与绩效管理改革已经成为政府管理的基本方向。这也意味着绩效意识已经融化为人制度层面内化为中国政府行政体制改革的有机组成	现行有效
2008年3月3日	《关于深化行政管理体制改革的意见》	中国共产党中央委员会、国务院	推行行政绩效管理和行政问责制度。建立科学合理的政府绩效评估指标体系和评估机制。健全行政问责制度，明确问责范围，规范问责程序，加大问责力度，提高政府执行力和公信力	进一步明确绩效评估指标体系和评估机制的重点	现行有效
2008年3月23日	《国务院工作规则》	国务院	国务院及各部门要推行行政问责制度和绩效管理制度，明确问责范围，规范问责程序，严格责任追究，提高政府执行力和公信力	表明对绩效管理制度的重视	现行有效

续 表

时间	文件名称	发布部门	原文	意义	时效性
2008年5月14日	《财政扶贫资金绩效考评试行办法》	财政部、国务院扶贫办	为了规范和加强财政扶贫资金管理，提高资金使用效益，根据《中国农村扶贫开发纲要（2001—2010年）》的规定和财政部对财政支出管理的有关要求，制定本办法。财政扶贫资金绩效考评是指对财政扶贫资金的使用效果及其效果进行的综合性考核与评价	对财政扶贫资金的使用管理过程及其效果进行综合性考核与评价规定	失效
2009年6月22日	《财政支出绩效评价管理暂行办法》	财政部	财政支出绩效评价（以下简称绩效评价）是财政部门和预算部门（单位）根据设定的绩效目标，运用科学、合理的评价方法、指标体系和评价标准，对财政支出产出和效果进行客观、公正的评价	初步建立起财政支出绩效评价的整体框架，标志着财政支出绩效评价的全面启动	失效
2009年10月26日	《财政部关于进一步推进中央部门预算项目支出绩效评价试点工作的通知》	财政部	为进一步推进中央部门预算项目支出绩效评价试点工作，提高绩效评价工作的制度化、规范化、科学化程度，切实提高绩效评价工作实效，现就推进中央部门预算项目支出绩效评价试点工作有关问题通知如下……	建立了项目绩效评价的基本模式	失效
2010年7月8日	《国家中长期教育改革和发展规划纲要（2010—2020年）》	中国共产党中央委员会、国务院	加强经费管理。坚持依法理财，严格执行国家财政财务管理法律制度和财经纪律。建立科学执行预算、规范经费分配的科学性。设立高等学校财务会计咨询委员会、完善经费使用内部稽核和内部控制制度。加强学校财务会计制度建设。完善监管机构职能。在高等学校试行设立总会计师职务，提升经费使用和资产管理专业化水平。公办高等学校执行国家财政资金管理机制，精细化预算管理制度。严格执行预算拨款，增强预算执行效率。严格勤俭办学，坚持勤俭办学、严禁铺张浪费、建设节约型学校	明确要求学校建立经费使用绩效评价制度。坚持勤俭办学，严禁铺张浪费、建设节约型学校	现行有效

续表

时间	文件名称	发布部门	原文	意义	时效性
			总会计师由政府委派。加强经费使用监督，强化重大项目建设和经费使用全过程审计，确保教育经费经济规范、安全、有效。建立并不断完善教育经费基础信息库，提升经费管理信息化水平。防范学校财务风险。建立经费使用绩效评价制度，加强重大项目经费使用考评。加强学校国有资产管理，建立健全学校国有资产配置、使用、处置管理制度，防止国有资产流失，提高使用效益		
2011年3月14日	《中华人民共和国国民经济和社会发展第十二个五年规划纲要》	全国人民代表大会	明确基本公共服务范围和标准，加快完善公共财政体制，强化基本公共服务支出。合理划分中央与地方管理权限，健全地方政府为主、统一与分级相结合的公共服务管理体制。建立科学合理的政府绩效评估指标体系和评价机制，实行内部考核与公众评议、专家评价相结合的方法，发挥绩效评价对推动政府科学发展的导向和激励作用。健全对行政权力的监督制度。强化审计问责制度，规范政府执行力和公信力。加快制定并完善评价考核体系和具体考核办法，加快转变经济发展方式的评价考核，强化对结构优化、民生改善、资源节约、环境保护、强化基本公共服务和社会管理等目标任务完成情况的综合评价和考核，考核结果作为各级政府管理领导班子调整和领导干部选拔任用、奖励惩戒的重要依据	对绩效评价和绩效管理做出了最为权威性的阐述。明确提出将绩效评价作为监督政府的措施之一，第一次将绩效效管理与提高政府公信力联系在一起，将其作为行政问责制度上正式的绩效评价与管理的目的。这就从长期规划层面上正式确定了绩效评价与管理在整个政府管理改革中的重要地位	现行有效

时间	文件名称	发布部门	原文	意义	时效性
2011 年 4 月 2 日	《财政支出绩效评价管理暂行办法》	财政部	为加强财政支出管理，强化支出责任，建立科学、合理的财政支出绩效评价管理体系，提高财政资金使用效益，根据《中华人民共和国预算法》等国家有关规定，制定本办法	进一步明确绩效评价管理体系	失效
2011 年 7 月 5 日	《财政部关于推进预算绩效管理的指导意见》	财政部	为了深入贯彻落实科学发展观，推进财政科学化精细化管理，完善公共财政支出的责任和效率，提高财政资金使用效益，现就推进预算绩效管理提出如下意见：……	将财政支出绩效评价置于预算绩效管理的核心，对绩效评价的重视达到前所未有的高度	现行有效
2011 年 9 月 8 日	《四川省人民政府关于开展政府绩效管理试点工作的意见》	四川省人民政府	按照党中央、国务院关于推行政府绩效管理制度的要求和全国政府绩效管理试点工作会议的部署，为做好我省政府目标绩效管理试点工作，现提出以下意见……	作为政府绩效管理试点，四川省积极开展相关试点工作	现行有效
2012 年 9 月 21 日	《预算绩效管理工作规划（2012—2015 年）》	财政部	为深入贯彻落实科学发展观，建立健全符合我国国情的预算绩效管理体制，进一步完善公共财政资源配置，提高财政精细化管理水平，促进高效、责任、透明政府建设，根据党中央、国务院有关加强预算绩效管理的总体要求，结合预算绩效工作发展需要，制定本规划	提出构建"覆盖所有财政性资金，贯穿预算编制、执行、监督全过程"的预算管理模式	失效

时间	文件名称	发布部门	原文	意义	时效性
2012年11月8日	《坚定不移沿着中国特色社会主义道路前进 为全面建成小康社会而奋斗——在中国共产党第十八次全国代表大会上的报告》	中国共产党中央委员会	创新行政管理方式，提高政府公信力和执行力，推进政府绩效管理。 一、"科技"相关论述 必须坚持推进改革开放。改革开放是坚持和发展中国特色社会主义的必由之路。要始终把改革创新精神贯彻到治国理政各个环节，坚持社会主义市场经济改革方向，坚持对外开放的基本国策，不断推进理论创新、制度创新、科技创新、文化创新以及其他各方面创新，不断推进我国社会主义制度自我完善和发展。 根据我国经济社会发展实际，要在十六大、十七大确立的全面建设小康社会目标的基础上努力实现新的要求。经济持续健康发展。转变经济发展方式取得重大进展，在发展平衡性、协调性、可持续性明显增强的基础上，实现国内生产总值和城乡居民人均收入比二〇一〇年翻一番。科技进步对经济增长的贡献率大幅上升，进入创新型国家行列。 实施创新驱动发展战略。科技创新是提高社会生产力和综合国力的战略支撑，必须摆在国家发展全局的核心位置。要坚持走中国特色自主创新道路，以全球视野谋划和推动创新，提高原始创新、集成创新和引进消化吸收再创新能力，更加注重协同创新。深化科技体制改革，推动科技和经济紧密结合，加快建设国家创新体系，着力构建以企业为主体、市场为导向、产学研相结合的技术创新体系，完善知识创新体系，强化基础研究、前沿技术研究、社会公益性技术研究，提高科学研究水平和成果转化能力，抢占科技发展战略制高点。实施国家科技重大专项，突破重大技术瓶颈。加	将绩效管理角色定位于为推进行政治体制改革，进行行政管理方式创新的手段，作为提高政府公信力和执行力的重要途径	现行有效

续 表

时间	文件名称	发布部门	原文	意义	时效性
			快新技术新产品新工艺研发应用,加强技术集成和商业模式创新。完善科技创新评价标准,激励机制,转化机制。实施知识产权战略,加强知识产权保护。促进创新资源高效配置和综合集成,把全社会智慧和力量凝聚到创新发展上来。 二、"教育"相关论述 根据我国经济社会发展实际,要在十六大、十七大确立的全面建设小康社会目标的基础上努力实现新的要求。全民受教育程度和创新人才培养水平明显提高,进入人才强国和人力资源强国行列,教育现代化基本实现。 在改善民生和创新管理中加强社会建设。努力办好人民满意的教育。教育是民族振兴和社会进步的基石。要坚持教育优先发展,全面贯彻党的教育方针,坚持育人为本、德育为先,实施素质教育,深化教育领域综合改革,着力提高教育质量,培养学生社会责任感,创新精神,基本普及高中阶段教育,均衡发展现代职业教育,完善终身教育,推动高等教育内涵式发展,重点向农村、边远、贫困、民族地区倾斜,支持特殊教育,提高家庭经济困难学生资助水平,积极推动农民工子女等接受教育,让每个孩子都能成为有用之才。鼓励引导社会力量兴办教育。加强教师队		

时间	文件名称	发布部门	原文	意义	时效性
			伍建设，提高师德水平和业务能力，增强教师教书育人的荣誉感和责任感。 三、"人才"相关论述 全面提高党的建设科学化水平。坚持党管人才原则，把各方面优秀人才集聚到党和国家事业中来。广开进贤之路，广纳天下英才，是保证党和人民事业发展的根本之举。要尊重劳动、尊重知识、尊重人才、尊重创造，加快确立人才优先发展战略布局，造就规模宏大、素质优良的人才队伍，推动我国由人才大国迈向人才强国。统筹推进各类人才队伍建设，实施重大人才工程，加大创新创业人才培养支持力度，重视实用人才培养，引导人才向科研生产一线流动。充分开发利用国内国际人才资源，积极引进和用好海外人才。加快形成具有国际竞争力的人才制度优势，形成激发人才创造活力和成才的改革创新、建立国家荣誉制度，开创人人皆可成才、人人尽展其才的生动局面		
2013 年 3 月 23 日	《国务院工作规则》	国务院	国务院及各部门要推行绩效管理和行政问责制度，加强对重大决策落实、部门工作推进以及自身建设等方面的考核评估，健全纠错制度，严格责任追究，提高政府公信力和执行力	进一步强调推行绩效管理制度的重要性	已被修改
2013 年 4 月 21 日	《预算绩效评价共性指标体系框架》	财政部	需要说明的是：一是此次印发的共性指标体系框架模式，主要用于在设置具体共性指标时的指导和参考。二是各级财政部门和预算部门开展绩效评价工作时，既要根据具体指标体系框架并需根据实际工作的进度不断予以完善，既要根据具体指标体系框架门和对象的不同，以《预算绩效评价共性指标体系框架》为参	加快预算绩效评价共性指标体系建立	现行有效

时间	文件名称	发布部门	原文	意义	时效性
			考，在其中灵活选取最能体现绩效评价对象特征的共性指标，也要针对具体绩效评价对象的个性，同时，赋予各类评价指标科学合理的权重分值，明确具体评价的评价标准，从而形成完善的绩效评价指标体系		
2013年11月12日	《中共中央关于全面深化改革若干重大问题的决定》	中国共产党中央委员会	财政是国家治理的基础和重要支柱，科学的财税体制是优化资源配置、维护市场统一、促进社会公平、实现国家长治久安的制度保障。改进预算管理制度。实施全面规范、公开透明的预算制度。审核预算的重点由平衡状态、赤字规模向支出预算和政策拓展。清理规范重点支出同财政收支增幅或生产总值挂钩事项，一般不采取挂钩方式。建立跨年度预算平衡机制，建立权责发生制的政府综合财务报告制度，建立规范合理的中央和地方政府债务管理及风险预警机制	指出财政是国家治理的基础和重要支柱，要改进预算管理制度	现行有效
2014年3月3日	《国务院关于改进加强中央财政科研项目和资金管理的若干意见》	国务院	建立各类科技计划（专项、基金等）的绩效评估、动态调整和终止机制	强调科学研究与科技项目的绩效评估	现行有效
2014年8月31日	《中华人民共和国预算法（2014修正）》	全国人大常委会	为了规范政府收支行为，强化预算约束，加强对预算的管理和监督，建立健全全面规范、公开透明的预算制度、保障经济社会的健康发展，根据宪法，制定本法。预算、决算的编制、审查、批准、监督，以及预算的执行和调整，依照本法规定执行	对预算管理做出进一步规定	已被修改

128

时间	文件名称	发布部门	原文	意义	时效性
2014 年 9 月 26 日	《国务院关于深化预算管理制度改革的决定》	国务院	健全预算绩效管理机制。全面推进预算绩效管理工作，强化支出责任和所有效率意识，逐步将绩效评价范围覆盖各级预算单位和所有财政资金，将绩效评价重点由项目支出拓展到部门整体支出和政策、制度、管理等方面，加强绩效评价结果应用，将评价结果作为调整支出结构、完善财政政策和科学安排预算的重要依据	推进预算管理制度改革	现行有效
2014 年 12 月 3 日	《关于深化中央财政科技计划（专项、基金等）管理改革的方案》	国务院	科技部、财政部要对科技计划（专项、基金等）的实施绩效、战略咨询与综合评审委员会专业机构的履职尽责情况等统一组织评估评价和监督检查，进一步完善科研信用体系建设，实行"黑名单"制度并建立倒查机制。对科技计划（专项、基金等）的绩效评价通过公平竞争等方式择优委托第三方机构开展，评估结果作为中央财政予以支持的重要依据。各有关部门要加强对所属单位承担科技计划（专项、基金等）任务和资金使用情况的日常管理和监督	强调科技计划（专项、基金等）绩效导向的管理制度	现行有效
2015 年 5 月 21 日	《中央部门预算绩效目标管理办法》	财政部	为了进一步加强预算绩效管理，规范预算绩效目标管理，提高中央部门预算绩效管理的科学性和有效性，根据《中华人民共和国预算法》《国务院关于深化预算管理制度改革的决定》（国发〔2014〕45 号）等有关规定，制定本办法	明确中央部门预算绩效目标管理办法	现行有效
2015 年 10 月 24 日	《统筹推进世界一流大学和一流学科建设总体方案》	国务院	坚持以绩效为杠杆。建立激励约束机制，鼓励公平竞争，强化目标管理，突出建设实效，构建完善中国特色的世界一流大学和一流学科评价体系，充分激发高校内生动力和发展活力，引导高等学校不断提升办学水平	强调坚持以绩效为杠杆是统筹推进世界一流大学和一流学科的基本原则之一	现行有效

时间	文件名称	发布部门	原文	意义	时效性
2015年11月17日	《财政部、教育部关于改革完善中央高校预算拨款制度的通知》	财政部、教育部	服务国家发展战略，面向经济社会发展需要，立足高等教育发展实际，适应现代财政制度和提高教育质量的要求，牢固树立国家治理改革理念，公平正义观念和绩效观念，坚持问题导向，着力改革创新，强化顶层设计，积极构建科学规范、公平公正、导向清晰，讲求绩效的中央高校预算拨款制度，支持世界一流大学和一流学科建设，引导中央高校提高质量、优化结构，办出特色，加快内涵式发展，更好地为全面建成小康社会服务。加强顶层设计，兼顾当前长远，统筹考虑中央高校各项功能，完善基本支出体系，更好支持中央高校日常运转，采取调整、归结构优化；重构项目支出体系，区分不同情况，进一步优化项目设置，改进并、保留等方式，加大整合力度，突出公平公正，强化政策和绩效导向，增强中央高校按照规定统筹安排使用资金的能力，促进资金分配和管理方式，突出公平公正，强化政策和绩效导向，促进中央高校内涵式发展，着力提高办学质量和水平	完善中央高校预算拨款制度，强调树立绩效观念，强化绩效导向	现行有效
2016年4月20日	《教育部直属高校经济活动内部控制指南（试行）》	教育部	高校应设立预算管理委员会或类似机构，负责拟定预算政策，审议年度预算及具体分解方案，协调解决预算编制、调整与执行过程中出现的问题，组织开展预算绩效考核和预算结果分析评价等工作。高校应当加强预算绩效管理，建立"预算编制有目标，预算执行有监控，预算完成有评价，评价结果有反馈，反馈结果有应用"的全过程预算绩效管理机制。第二十三条 高校在预算编制时对项目支出和整体支出设置绩效目标。项目支出绩效目标由业务职能部门根据专项	要求高校加强经济活动内部控制，关注内部风险，加强预算绩效管理，加强对高校预算绩效管理的重视	现行有效

续　表

时间	文件名称	发布部门	原文	意义	时效性
			发展规划目标设定，整体支出绩效目标由学校根据发展规划目标和年度目标设定。 绩效目标应能清晰反映预算资金的预期产出和效益。绩效指标应尽量进行定量表述，不能以量化形式表述的，可采用定性表述，但应具有可衡量性。 第二十四条　预算执行结束后，高校应根据主管部门要求对照确定的绩效目标开展绩效自评，形成相应的自评结果，作为学校预决算的组成内容和以后年度预算申请、安排的重要基础。 高校应建立对预算绩效目标完成情况的考核机制，并将评价结果与年度考核挂钩，与以后年度预算分配挂钩		
2016 年 9 月 22 日	《中央高校基本科研业务费管理办法》	财政部、教育部	中央高校是基本科研业务费使用管理的责任主体，应当切实履行法人责任，健全内部管理机制，加强项目库的建设和管理，对立项项目进行全过程预算绩效管理。具体组织具体执行	要求对基本科研业务费进行全过程预算绩效管理	失效
2016 年 10 月 26 日	《高等学校哲学社会科学繁荣计划专项资金管理办法》	财政部、教育部	加强繁荣计划专项资金绩效管理，建立健全全过程项目预算绩效管理机制。教育部在开展项目预算评审时，应对项目申请人设定的绩效目标进行审核，并将审核结果作为核定项目预算的重要参考因素。实施绩效目标监控，及时纠正绩效目标执行中的偏差，确保绩效目标如期实现。开展绩效评价，将评价结果作为以后年度资助项目的重要依据，建立项目资金使用和管理的信用机制，信息公开机制和责任追究机制，提高项目资金使用效益	要求加强繁荣计划专项资金绩效管理，建立健全全过程项目预算绩效管理机制	失效

续 表

时间	文件名称	发布部门	原文	意义	时效性
2016年12月9日	《支持地方高校改革发展资金管理办法》	财政部、教育部	财政部、教育部根据各地专项资金使用管理情况,适时开展监督检查和财政绩效评价。财政部驻各地财政监察专员办事处按照职责和财政部要求,对专项资金进行监管。监督检查结果。各省级财政、教育部门应当加强专项资金的监督检查和绩效评价应纳入全过程预算绩效管理,不断提高资金使用效益,并按照规定做好信息公开工作	要求财政部和教育部对专项资金使用情况进行监督检查和绩效评价	失效
2017年1月11日	《中央高校管理改革等绩效拨款管理办法》	财政部、教育部	绩效拨款的分配、使用和管理遵循以下原则:(一)绩效导向。传递清晰的政策和绩效导向,体现激励约束,引导中央高校深化综合改革,全面提升管理水平,激发中央高校改革发展的内生动力和活力。(二)公平公正。根据中央高校管理改革成效和相关评估评价结果等情况,科学合理地分配绩效拨款,创造公平公正的政策环境,体现公正的价值取向。(三)统筹使用。增强中央高校统筹安排使用资金的能力,现行有效绩效拨款按照由中央高校规定自主统筹安排使用,不要求与分配因素直接挂钩或对应	将规范和加强中央高校管理改革等绩效拨款工作推到了新的高度	现行有效
2017年1月24日	《统筹推进世界一流大学和一流学科建设实施办法(暂行)》	教育部、财政部、国家发展和改革委员会(含原国家发展计划委员会、原国家计划委员会)	加强过程管理,实施动态监测,及时限衔指导。以学科为基础,制定科学合理的绩效评价办法,开展中期和期末评价,加大经费动态支持力度,增强建设实效,形成激励约束机制,增强建设实效	强调建设世界一流大学和一流学科要以一流为目标,以学科为基础,以绩效为杠杆,以改革为动力	现行有效

132

时间	文件名称	发布部门	原文	意义	时效性
2017年7月13日	《中央高校建设世界一流大学（学科）和特色发展引导专项资金管理办法》	财政部、教育部	中央高校是"引导专项"使用管理的责任主体，应当切实履行法人责任，健全内部管理机制，结合建设方案，科学合理编制"引导专项"三年支出规划和年度预算，加强全过程预算组织执行，具体加强预算绩效管理	要求中央高校对"引导专项"加强全过程预算绩效管理	现行有效
2017年10月18日	《决胜全面建成小康社会 夺取新时代中国特色社会主义伟大胜利——在中国共产党第十九次全国代表大会上的报告》	中国共产党中央委员会	建立全面规范透明、标准科学、约束有力的预算制度，全面实施预算绩效管理。 一、"科技"相关论述。 贯彻新发展理念，建设现代化经济体系。创新是引领发展的第一动力，是建设现代化经济体系的战略支撑。要瞄准世界科技前沿，强化基础研究，实现前瞻性基础研究、引领性原创成果重大突破。加强应用基础研究，拓展实施国家重大科技项目，突出关键共性技术、前沿引领技术、现代工程技术、颠覆性技术创新，为建设科技强国、质量强国、航天强国、网络强国、交通强国、数字中国、智慧社会提供有力支撑。加强国家创新体系建设，强化战略科技力量。深化科技体制改革，建立以企业为主体、市场为导向、产学研深度融合的技术创新体系。加强对中小企业创新的支持，促进科技成果转化。倡导创新文化，强化知识产权创造、保护、运用。培养造就一大批具有国际水平的战略科技人才、科技领军人才、青年科技人才和高水平创新团队。 二、"教育"相关论述。 提高保障和改善民生水平，加强和创新社会治理。优先发	将全面实施预算绩效管理提到新的高度	现行有效

续 表

时间	文件名称	发布部门	原文	意义	时效性
			展教育事业。建设教育强国是中华民族伟大复兴的基础工程，必须把教育事业放在优先位置，深化教育改革，加快教育现代化，办好人民满意的教育。要全面贯彻党的教育方针，落实立德树人根本任务，发展素质教育，推进教育公平，培养德智体美全面发展的社会主义建设者和接班人。推动城乡义务教育一体化发展，高度重视农村义务教育，办好学前教育、特殊教育和网络教育，普及高中阶段教育，努力让每个孩子都能享有公平而有质量的教育。加快一流大学和一流学科建设，深化产教融合、校企合作。完善职业教育和培训体系，实现高等教育内涵式发展。支持和规范社会力量兴办教育。健全学生资助制度，使绝大多数城乡新增劳动力接受高中阶段教育、更多接受高等教育。支持和规范社会力量兴办教育。加强师德师风建设，培养高素质教师队伍，倡导全社会尊师重教。办好继续教育，加快建设学习型社会，大力提高国民素质。 三、"人才"相关论述 贯彻新发展理念，建设现代化经济体系。加快建设创新型国家。培养造就一大批具有国际水平的战略科技人才、科技领军人才、青年科技人才和高水平创新团队。 坚定不移全面从严治党，不断提高党的执政能力和领导水平。建设高素质专业化干部队伍。人才是实现民族振兴、赢得国际竞争主动的战略资源。要坚持党管人才原则，聚天下英才而用之。加快建设人才强国。实行更加积极、更加开放、更加有效的人才政策，以识才的慧眼、爱才的诚意、用		

时间	文件名称	发布部门	原文	意义	时效性
			才的胆识，容才的雅量，聚才的良方，把党内和党外、国内和国外各方面优秀人才集聚到党和人民的伟大奋斗中来，鼓励引导人才向边远贫困地区、边疆民族地区、革命老区和基层一线流动，努力形成人人渴望成才、人人努力成才、人人皆可成才、人人尽展其才的良好局面，让各类人才的创造活力竞相迸发，聪明才智充分涌流		
2018 年 6 月 15 日	《财政部 教育部关于下达 2018 年"支持地方高校改革发展资金"预算的通知》	财政部、教育部	为贯彻落实党的十九大提出"全面实施绩效管理"的决策部署，切实提高财政资金使用效益，请按照《中央对地方专项转移支付绩效管理暂行办法》（财预〔2015〕163 号）相关要求，参照 2018 年中央支持地方高校发展资金整体绩效目标（附件 2）和补助你省资金额度，科学合理确定你省绩效目标，填报《中央对地方专项转移支付区域绩效目标表》（附件 3），在收到补助资金 60 日内报财政部、教育部备案，审核确认后组织预算执行中对照你省区域绩效目标做好绩效监控、确保年度绩效目标如期实现。同时，请参照中央做好你省内预算绩效管理工作，将你省绩效目标及目标对下分解，做好省内预算绩效管理工作。省内落实到位的具体项目要填报省级绩效目标及指标，经同级财政部门审核后报省级财政并抄送财政部驻你省（自治区、直辖市、计划单列市）财政监察专员办事处	要求做好省内预算绩效管理工作	现行有效

续　表

时间	文件名称	发布部门	原文	意义	时效性
2018年6月25日	《国务院工作规则》	国务院	国务院及各部门要严格执行工作责任制,严格绩效管理,严格履责,部门决策重大决策部署落实、部门各方面的考核评估,健全激励机制、决策终身责任追究制度及责任倒查机制,严格错纠错机制,严格责任追究,提高政府公信力和执行力	强调严格进行预算绩效管理,加强考核评估	现行有效
2018年7月18日	《国务院关于优化科研管理提升科研绩效若干措施的通知》	国务院	开展基于绩效、诚信和能力的科研管理改革试点。开展简化科研项目经费预算编制试点。项目直接费用中除设备费外,其他费用只提供基本测算说明,不提供明细。进一步精简合并其他直接费用科目。各类财政科研项目可由项目管理专业机构编制和报表简化相关科研项目预算编制要求,精简说明和报表	要求开展科研项目经费预算编制试点	现行有效
2018年8月8日	《关于高等学校加快"双一流"建设的指导意见》	教育部、财政部、国家发展和改革委员会(含原国家发展计划委员会、原国家计划委员会)	继续做好经费保障工作,全面实施预算绩效管理,建立符合高等教育规律和管理需要的绩效管理机制,增强高校资金统筹权,在现有财政拨款基础上完善研究生教育资金投入机制。建设高校要建立多元等资金、统筹自主资金投入,和其他可由高校按规定自主使用的资金等,共同支持"双一流"建设。完善政府、社会、高校相结合的共建机制,形成多元化投入、合力支持的格局	要求高校做好经费保障工作,全面实施预算绩效管理,以加快一流大学和一流学科建设、实现高等教育内涵式发展、全面提高人才培养能力、提升我国高等教育整体水平	现行有效
2018年9月1日	《中共中央、国务院关于全面实施预算绩效管理的意见》	中国共产党中央委员会、国务院	全面实施预算绩效管理是推进国家治理体系和治理能力现代化的内在要求,是深化财税体制改革,建立现代财政制度的关键重要内容,是优化财政资源配置、提升公共服务质量的突出举措。为解决当前预算绩效管理存在的突出问题,加快建成全方位、全过程、全覆盖的预算绩效管理体系,现提出如下意见	首次对全面实施预算绩效管理做出规定	现行有效

续　表

时间	文件名称	发布部门	原文	意义	时效性
2018 年 11 月 2 日	《中央高校捐赠配比专项资金管理办法》	财政部、教育部	中央高校应当按照全面实施预算绩效管理要求，对配比资金实施全过程绩效执行监控，对照预算设定绩效目标，科学合理绩效自评、绩效自评，强化绩效结果应用，并定期总结配比资金管理使用情况和成效，报主管部门。加强对配比资金使用的监督管理，自觉接受审计、监察、财政及主管部门的监督检查	要求中央高校对配比资金实施全过程绩效管理	现行有效
2018 年 11 月 8 日	《财政部关于贯彻落实〈中共中央、国务院关于全面实施预算绩效管理的意见〉的通知》	财政部	全面实施预算绩效管理是政府治理方式的深刻变革，是一项长期的系统性工程，涉及面广，难度大。各地区各部门要切实把思想认识统一到党中央、国务院决策部署上来，深刻学习领会《意见》的精神实质，把深入贯彻落实《意见》要求、全面步增强责任感和紧迫感作为当前和今后一段时期财政实施预算绩效管理的重点，真抓实干，常抓不懈，确保全面实施预算绩效管理各项改革任务落到实处，不断提高财政资源配置效率和使用效益	进一步强调全面实施预算绩效管理的必要性	现行有效
2018 年 12 月 29 日	《中华人民共和国预算法》（2018 修正）》	全国人大常委会	为了规范政府收支行为，强化预算约束，加强对预算的管理和监督，建立健全全面规范、公开透明的预算制度，保障经济社会的健康发展，决算、预算的编制、审查、批准、监督，以及预算的执行和调整，依照本法规定执行	对预算管理做出进一步规定	现行有效

续　表

时间	文件名称	发布部门	原文	意义	时效性
2019年4月1日	《学生资助资金管理办法》	财政部、教育部、人力资源和社会保障部、退役军人事务部、中央军委国防动员部	各级财政、教育、人力资源社会保障等部门要按照预算绩效全面实施预算绩效管理的要求,建立健全全过程预算绩效管理机制,按规定科学合理建设定绩效目标,对照绩效目标做好绩效监控、绩效评价,强化绩效结果运用,做好信息公开,提高资金会使用效益	明确学生资助资金全面预算绩效管理要求	失效
2019年3月29日	《教育部关于切实加强新时代高等学校美育工作的意见》	教育部	教育部会同财政部等有关部门,并全面实施预算绩效管理。各高校要加大对美育工作的投入,根据自身实际,加大与国家和地方政策的衔接,配套和执行力度。中央部门所属高校应统筹利用中央高校预算拨款和其他各类资源,结合学校实际,支持美育工作。鼓励高校建立多元筹资机制,完善高校美育多元投入机制。研制高校美育场地器材建设会,高校相结合共建机制,加强高校剧院、音乐厅、博物馆、美术馆等艺术场馆建设规划,建立高校美育器材补充机制	要求高校做好美育品牌项目专项经费保障工作,并全面实施预算绩效管理	现行有效
2019年7月26日	《中央部门预算运行绩效监控管理暂行办法》	财政部	中央部门是实施预算绩效监控的主体。中央部门主要职责包括: (一)牵头负责组织部门本级开展预算绩效监控工作,对所属单位的绩效监控进行指导和监督,明确工作要求,加强绩效监控结果应用等。按照要求向财政部报送预算绩效监控结果。 (二)按照"谁支出、谁负责"的原则,预算执行单位(包括部门本级及所属单位,下同)负责开展预算绩效日常监控,并	提高绩效监控工作的规范性和系统性,确保全面预算绩效管理的有效实施	现行有效

时间	文件名称	发布部门	原文	意义	时效性
			定期对绩效监控信息进行收集、审核、分析、汇总、填报；分析偏离绩效目标的原因，并及时采取纠偏情况。 （三）应当履行的其他绩效监控职责。 中央部门绩效监控范围涵盖中央部门一般公共预算、政府性基金预算和国有资本经营预算所有项目支出。 中央部门应对重点政策和重大项目、以及巡视、审计、有关监督检查、重点绩效评价和日常管理中发现问题较多、绩效水平不高、管理薄弱的项目予以重点监控，并逐步开展中央部门及其所属单位预算整体预算绩效监控		
2019 年 7 月 30 日	《关于扩大高校和科研院所和科研相关自主权的若干意见》	科学技术部、教育部、国家发展改革委员会（含原国家发展计划委员会、原国家计划委员会）、财政部、人力资源和社会保障部、中国科学院	坚持简政放权与加强监管相结合。最大限度减少政府对高校和科研院所内部事务的微观管理和直接干预、加强对发展方向的总体把握。实施预算绩效管理、推动内控机制建设、确保充分放权与有效承接、完善内部治理与加强外部监督、激励担当作为与严肃问责追责等有机结合、权力与责任相一致。 各相关部门要跟踪高校和科研院所履行所职责、行使自主权情况，通过"双随机、一公开"抽查、督查、第三方绩效评估等方式监督促进改革政策落实，对落实不到位的以适当方式予以通报，对发现的违规问题予以严肃处理。实行科研项目责任人预算绩效负责制、重大项目责任人实行绩效终身责任追究制。构建科研相关自主权公示和信用承诺、将诚信状况作为单位获得科研相关自主权的重要依据、将单位行使相关自主权过程中出现的失信情况纳入信用记录管理、对严重失信行为实行终身追责、联合惩戒	要求对科研相关经费实施全面预算绩效管理	现行有效

续　表

时间	文件名称	发布部门	原文	意义	时效性
2019年12月10日	《教育部关于全面实施预算绩效管理的意见》	教育部	实施单位整体预算绩效管理。各单位要将预算收支全面纳入绩效管理，围绕单位职责和中长期事业发展规划，以预算资金、树立业务和财务有机结合、相互促进的绩效管理理念，以预算资金管理为主线，从运行成本、管理效率、履职效能、社会效应、可持续发展能力和服务对象满意度等方面，综合衡量本单位整体预算绩效。在年度绩效自评的基础上，原则上每五年为一周期开展单位整体绩效评价	要求各高校贯彻落实全面实施预算绩效管理、加强预算统筹规划、顶层设计、制定高校绩效管理实施方案	现行有效
2020年1月21日	《关于"双一流"建设高校加快学科融合促进人工智能领域研究生培养的若干意见》	教育部、国家发展和改革委员会（含原国家发展计划委员会、原国家计划委员会）、财政部	完善学科评价机制。完善以人才培养、知识创新、应用成效为核心的学科评价体系，探索有利于新兴交叉学科深度融合发展的学科评价办法。给予相对宽松的建设和评价周期。鼓励高校开展自我评估，支持学会、行业协会开展第三方评价。构建激励研究人员动态流动的复合型评价机制，合理借鉴国际评价。认可其对未来学科交叉融合学科的双重贡献，以及论文、专利、软件著作权等成果形式	对"双一流"建设高校的学科评价机制做出指导	现行有效
2020年2月25日	《项目支出绩效评价管理办法》	财政部	一般公共预算、政府性基金预算、国有资本经营预算项目支出的绩效评价适用本办法。涉及预算资金及相关管理活动，如政府投资基金、主权财富基金、政府和社会资本合作（PPP），政府购买服务、政府债务项目等绩效评价可参照本办法执行	规范项目支出绩效评价管理	现行有效
2020年2月27日	《预算管理一体化规范（试行）》	财政部	各地在推进预算管理一体化建设中，要将《规范》作为目标模式，参照《规范》修订完善预算管理有关规程、梳理本地区预算管理一体化系统建设业务需求，合理确定实施步骤，有序推进预算管理一体化建设。各	进一步规范预算管理	已被修改

时间	文件名称	发布部门	原文	意义	时效性
			地建设预算管理一体化系统,原则上应当依据《规范》规定的管理流程、规则和要素,支撑上下级业务协同和数据共享;对于《规范》中未统一和需进一步细化的管理流程、规则和要素,可结合本地区实际情况;对于《规范》中明确需要逐步实现的有关内容,可结合本地区建设情况,持步推进实施。财政部将根据建设情况,持续做好《规范》更新和拓展完善工作		
2020年6月11日	《财政部、教育部关于下达2020年支持地方高校改革发展资金预算的通知》	财政部、教育部	省级教育、财政部门要参照2020年支持地方高校改革发展资金整体绩效目标(附件2)和本地区获得的资金额度,对本地区绩效目标进行调整,在收到预算文件60日内填报区域绩效目标表(附件3),报教育部、财政部备案,并抄送相关绩效监管局。备案后的绩效目标作为绩效监控和绩效评价的依据。请在组织预算执行中对照年度绩效目标做好绩效监控。同时,请参照中央做法,将你地区绩效目标及时对下分解,做好本地区预算绩效管理工作	要求对地方高校改革发展资金进行全面预算绩效管理	现行有效
2020年12月15日	《"双一流"建设成效评价办法(试行)》	教育部、财政部、国家发展改革委员会(含原国家发展计划委员会、原国家计划委员会)	"双一流"建设成效评价以习近平新时代中国特色社会主义思想为指导,深入贯彻落实党的十九大和十九届二中、三中、四中、五中全会精神,全面贯彻党的教育方针,坚持党对教育事业的全面领导,坚定社会主义办学方向,以中国特色、世界一流为核心,突出培养一流人才、产出一流成果、主动服务国家需求,无"五唯"顽瘴痼疾,以中国特色"双一流"建设成效评价体系引导高校科学争创世界一流	对"双一流"建设成效做出指导	现行有效

续　表

时间	文件名称	发布部门	原文	意义	时效性
2021年1月28日	《财政部关于委托第三方机构参与预算绩效管理的指导意见》	财政部	深入贯彻落实党中央、国务院关于全面实施预算绩效管理的决策部署，围绕强化预算约束和绩效管理大局，通过明确范围、规范管理、有效引导、强化监督、合理界定委托方、第三方机构以及预算绩效管理对象等相关主体的责任关系，保障委托第三方机构参与预算绩效管理有序实施，严格第三方机构执业质量监督，促进第三方机构执业水平提升，推动预算绩效管理提质增效，更好发挥预算绩效管理在优化财政资源配置、提升政策效能中的积极作用	首次对参与预算绩效管理的第三方机构进行规范	现行有效
2021年4月30日	《财政部关于修订预算管理一体化规范和技术标准有关资产管理内容的通知》	财政部	扩充了资产信息卡片涵盖的资产类型，完善了资产信息卡片内容，确定了固定资产、无形资产、公共基础设施、政府储备物资、文物文化资产、保障性住房、在建工程、长期投资等各类资产的资产信息卡样式，作为附录纳入《预算管理一体化规范（试行）》	推进资产管理融入预算管理一体化建设	现行有效
2021年5月6日	《教育部办公厅、文化和旅游部办公厅、财政部办公厅关于开展2021年高雅艺术进校园活动的通知》	教育部、文化和旅游部、财政部	严格预算管理。高雅艺术进校园活动专项经费支出范围，一是补贴国家级和优秀地方艺术院团赴各地高校演出的差旅、食宿、交通、人员补助、舞美灯光音响消耗、运输等演出费用；二是补贴"美育浸润行动计划"的费用；三是支持高校开展中华优秀传统文化传承基地建设的费用。专项经费纳入中央部门预算绩效考核范围，经费支出要高度重视，严格按照理情况和人预算绩效评价。各单位要高度重视，推动预算的及时有关规定，加强资金专款专用，保证专款专用，推动预算的及时执行	要求进新时代学校美育工作进行全面预算绩效管理	现行有效

142

时间	文件名称	发布部门	原文	意义	时效性
2021年8月5日	《国务院办公厅关于改革完善中央财政科研经费管理的若干意见》	国务院办公厅	健全科研绩效管理机制。项目管理部门要进一步强化绩效导向，从重过程向重结果转变，对自由探索型、任务导向型等不同类型科研项目，健全分类绩效评价体系；强化绩效评价结果运用，将绩效评价结果作为项目调整、后续支持的重要依据。项目承担单位要切实加强绩效管理，引导科研资源向优秀人才和团队倾斜，提高科研经费使用效益（项目管理部门、项目承担单位负责落实）	进一步强化绩效导向，强调从重过程向重结果转变	现行有效
2021年8月10日	《中央专项彩票公益金支持中小学生校外研学实践活动项目资金管理办法》	财政部、教育部	主管部门和省级教育行政部门负责制定本行业或本省（自治区、直辖市）中小学生校外研学实践活动项目规划，负责组织项目申报工作，审核、推荐工作。财政部门和省级教育行政部门负有监管责任，对项目进行监督检查和预算绩效管理，加快推进预算执行	规范和加强中央专项彩票公益金支持中小学生校外研学实践活动项目管理、提高资金使用效益	现行有效
2021年11月15日	《高等学校哲学社会科学繁荣计划专项资金管理办法》	财政部、教育部	教育部应进一步实出绩效导向，加强分类评价，强化绩效评价结果的重要依据。财政部门和省级教育行政部门负责审核（自治区、直辖市）项目库，建立项目评议核准后组织项目实施。主管部门和省级教育行政部门负有监管责任，做好绩效管理，落实绩效管理责任，做好绩效评价，后续专项资金开展绩效评价。项目承担高校要切实加强绩效管理，引导科研资源向优秀人才和团队倾斜，提高科研经费使用效益	进一步强调绩效导向和绩效管理责任	现行有效

续　表

时间	文件名称	发布部门	原文	意义	时效性
2021年11月30日	《中央高校基本科研业务费管理办法》	财政部、教育部	中央高校是基本科研业务费使用管理的责任主体，应当切实履行法人责任，健全内部管理机制，加强项目库的建设和管理，对立项项目进行全过程预算绩效管理，具体组织预算执行	要求中央高校加强对立项项目的全过程预算绩效管理	现行有效
2021年12月30日	《学生资助资金管理办法》	财政部、教育部、人力资源和社会保障部、退役军人事务部、中央军委国防动员部	各级财政、教育、人力资源社会保障等部门要按照全面实施预算绩效管理的要求，建立健全全过程预算绩效管理机制，按规定科学合理设定绩效目标，对照绩效目标做好绩效监控，绩效评价，强化绩效结果运用，提高资金使用效益	要求对高校学生资助资金进行全过程预算绩效管理	现行有效
2021年12月31日	《支持地方高校改革发展资金管理办法》	财政部、教育部	地方高校是资金使用管理的责任主体，应根据年度预算控制数和相关管理要求，结合自身实际情况，突出重点工作，要坚持社会主义办学方向，向建设高素质教师队伍，建设高水平人才培养体系倾斜。鼓励各高校按照加强思想政治理论课建设，建设改善基本办学条件，深化教育教学改革，加强科研能力建设，改善基本管理要求，自主设置项目，建立项目库，加强全过程管理，并按照规定进行预算评审和实行滚动管理，确保资金使用安全、规范、有效。各级财政、教育部门要按照全面实施预算绩效管理的要求，建立健全全过程预算绩效管理机制，加强绩效目标管理，对	要求高校对改革发展资金进行全过程预算绩效管理	现行有效

续　表

时间	文件名称	发布部门	原文	意义	时效性
2022年1月26日	《教育部、财政部、国家发展改革委关于深入推进世界一流大学和一流学科建设的若干意见》	教育部、财政部、国家发展改革委（含原国家发展和改革委员会、原国家计划委员会、原国家计划委员会）	照绩效目标做好绩效监控，扎实开展绩效评价，强化绩效评价结果运用，做好信息公开工作，提高资金配置效率和使用效益。各级教育部门按规定开展绩效目标审核工作 引导多元投入。建立健全中央、地方、企业、社会协同投入长效机制。中央财政专项持续稳定支持。巩固扩大地方财政府多渠道支持力度，鼓励地方政府为"双一流"建设创造优良政策环境。强化精准支持，突出绩效导向，形成激励约束机制，在公平竞争中体现扶优扶强社会资源。足优势，扩大社会合作，积极争取社会资源。创新经费管理。依据服务需求，建设成效和学科特色等因素，对建设高校和学科实行差异化财政资金支持。扩大建设范围内自主安排项目经费，允许部分高校在财政专项资金支持范围内自主安排绩效考评。落实完善科研经费使用自主权	对建设世界一流大学和一流学科过程中的预算绩效管理做出安排	现行有效
2022年4月2日	《财政部、教育部关于下达2022年支持地方高校改革发展资金预算的通知》	财政部、教育部	此次下达的补助资金列入直达资金管理，该项直达资金标识为"01中央直达资金"，贯穿资金分配、拨付、使用等整个环节，且保持不变。省级财政资金直达工作要做好2022年财政资金直达分配，做好直达资金分配、备案、监控、下达等工作。接到《财办〔2022〕12号》要求，做好直达资金预算指标的分配、备案。中央财政直达资金预算指标下达或指标通知后，应当在21日内提出资金分配方案报财政部门备案，在报送的备案文件中，除反映资金分配结果外，还应当反映分配原则、分配方	要求各单位对补助资金做好全过程预算绩效管理	现行有效

续 表

时间	文件名称	发布部门	原文	意义	时效性
2022年6月8日	《中央专项彩票公益金支持大学生创新创业教育项目资金管理办法》	财政部、教育部	法,资金投向,预期效果目标等。同时,要对照省区域绩效目标同步分解省以下绩效目标,强化绩效监控和评价,注重绩效评价结果运用,做好全过程预算绩效管理。省级教育部门、财政部门要加强项目资金全过程预算绩效管理,开展事前绩效评估,严格执行绩效监控、强化绩效评价。省级教育部门分配项目资金时,应将绩效结果作为重要依据,不断提高项目资金配置效率和使用效益	要求各单位加强项目资金全过程预算绩效管理	现行有效
2022年10月16日	高举中国特色社会主义伟大旗帜 为全面建设社会主义现代化国家而团结奋斗——在中国共产党第二十次全国代表大会上的报告	中国共产党中央委员会	实施科教兴国战略,强化现代化建设人才支撑。教育、科技、人才是全面建设社会主义现代化国家的基础性、战略性支撑。必须坚持科技是第一生产力、人才是第一资源、创新是第一动力,深入实施科教兴国战略,人才强国战略,创新驱动发展战略,开辟发展新领域新赛道,不断塑造发展新动能新优势。我们要坚持教育优先发展,科技自立自强,人才引领驱动,加快建设教育强国、科技强国、人才强国,坚持为党育人、为国育才,全面提高人才自主培养质量,着力造就拔尖创新人才,聚天下英才而用之。一、"教育"相关论述办好人民满意的教育。教育是国之大计、党之大计。培养什么人、怎样培养人、为谁培养人是教育的根本问题。育人的根本在于立德。全面贯彻党的教育方针,落实立德树人根本任务,培养德智体美劳全面发展的社会主义建设者和接班人。坚持以人民为中心发展教育,加快建设高质量教	党的二十大报告对科技、教育、人才做出论述	现行有效

续　表

时间	文件名称	发布部门	原文	意义	时效性
			育体系,发展素质教育,促进教育公平。加快义务教育优质均衡发展和城乡一体化,优化区域教育资源配置,强化学前教育,特殊教育普惠发展,坚持高中阶段学校多样化发展,完善覆盖全学段学生资助体系。统筹职业教育、高等教育、继续教育协同创新,推进职普融通、产教融合、科教融汇,优化职业教育类型定位。加强基础学科、新兴学科、交叉学科建设,加快建设中国特色、世界一流的大学和优势学科。引导规范民办教育发展。加大国家通用语言文字推广力度。深化教育领域综合改革,健全学校家庭社会育人机制。加强师德师风建设,培养高素质专业化教师队伍,弘扬尊师重教社会风尚。推进教育数字化建设,建设全民终身学习的学习型社会,学习型大国。 全面建设社会主义现代化国家,必须坚持中国特色社会主义发展道路,增强文化自信,围绕举旗帜、聚民心、育新人、兴文化、展形象建设社会主义文化强国,发展面向现代化、面向世界、面向未来的,民族的科学的大众的社会主义文化,激发全民族文化创新创造活力,增强实现中华民族伟大复兴的精神力量。 广泛践行社会主义核心价值观。社会主义核心价值观是凝聚人心、汇聚民力的强大力量。弘扬以伟大建党精神为源头的中国共产党人精神谱系,用好红色资源,深入开展社会主义核心价值观宣传教育,深化爱国主义、集体主义、社会主义教育,着力培养担当民族复兴大任的时代新人。提高全社会文明程度。实施公民道德建设工程,弘扬中华		

148

续　表

时间	文件名称	发布部门	原文	意义	时效性
			传统美德，加强家庭家教家风建设，加强和改进未成年人思想道德建设，推动明大德、守公德、严私德，提高人民道德水准和文明素养。统筹推动文明培育、文明实践、文明创建，推进城乡精神文明建设融合发展，在全社会弘扬劳动精神，奋斗精神、奉献精神，创造精神，勤俭节约精神，培育时代新风新貌。 二、"科技"相关论述 完善科技创新体系。坚持创新在我国现代化建设全局中的核心地位。完善党中央对科技工作统一领导的体制，健全新型举国体制，强化国家战略科技力量，优化配置创新资源，优化国家科研机构、高水平研究型大学、科技领军企业定位和布局，形成国家实验室体系，统筹推进国际科技创新中心、区域科技创新中心建设，加强创新能力建设，强化科技战略咨询，提升国家创新体系整体效能。深化科技体制改革，深化科技评价改革，加大多元化科技投入，加强知识产权法治保障，弘扬科学家精神，涵养优良学风，营造创新氛围。培育创新文化，弘扬科技文化交流合作，加强国际科研环境建设，形成具有全球竞争力的开放创新生态。 加快实施创新驱动发展战略。坚持面向世界科技前沿、面向经济主战场，面向国家重大需求，面向人民生命健康，加快实现高水平科技自立自强。以国家战略需求为导向，集聚力量进行原创性引领性科技攻关，坚决打赢关键核心技术攻坚战。加快实施一批具有前瞻性战略性的国家重大科技项目，增强自主创新能力。加强基础研究，突出原		

续 表

时间	文件名称	发布部门	原文	意义	时效性
			创,鼓励自由探索。提升科技投入效能,深化财政科技经费分配使用机制改革,激发创新活力。加强科技主导的产业化和产学研深度融合,强化企业科技创新主体地位,发挥科技型骨干企业引领支撑作用,营造有利于科技企业创新、培育壮大批德才兼备的高素质人才,是国家和民族长远发展大计。功以才成,业由才广。坚持党管人才原则,坚持尊重劳动、尊重知识、尊重人才、尊重创造,实施更加积极、更加开放、更加有效的人才政策,引导广大人才爱党报国,敬业奉献,服务人民。完善人才战略布局,坚持各方面人才一起抓,建设规模宏大、结构合理、素质优良的人才队伍。加快建设世界重要人才中心和创新高地,促进人才区域合理布局和协调发展,着力形成人才国际竞争的比较优势。加快建设国家战略人才力量,努力培养造就更多大师、战略科学家、一流科技领军人才和创新团队、青年科技人才,卓越工程师、大国工匠、高技能人才。加强人才国际交流,用好用活各类人才。深化人才发展体制机制改革,真心爱才、悉心育才、倾心引才、精心用才,求贤若渴,不拘一格,把各方面优秀人才集聚到党和人民事业中来。实施就业优先战略。就业是最基本的民生。强化就业优先政策,健全就业促进机制,促进高质量充分就业。健全就业公共服务体系,完善重点群体就业支持体系,加强困难群体就业兜底帮扶,完善城乡就业政策体系,破除妨碍劳动力、		

时间	文件名称	发布部门	原文	意义	时效性
			人才流动的体制和政策弊端,消除影响平等就业的不合理限制和就业歧视,使人人都有通过勤奋劳动实现自身发展的机会。 青年强,则国家强。当代中国青年生逢其时,施展才干的舞台无比广阔,实现梦想的前景无比光明。全党要把青年工作作为战略性工作来抓,用党的科学理论武装青年,用党的初心使命感召青年,做青年朋友的知心人、青年工作的热心人,青年群众的引路人。广大青年要坚定不移听党话、跟党走,怀抱梦想又脚踏实地,敢想敢为又善作善成,立志做有理想、敢担当、能吃苦、肯奋斗的新时代好青年,让青春在全面建设社会主义现代化国家的火热实践中绽放绚丽之花		

第4章 全面预算绩效管理"高校模式"评价指标构建

"双一流"全称为世界一流大学和世界一流学科（First-Class Universities and Disciplines of the World），是中国高等教育领域继"211工程""985工程"之后的又一国家战略，包含建设一流师资队伍、培养拔尖创新人才、提升科学研究水平、传承创新优秀文化、着力推进成果转化五大建设任务，加强和改进党对高校的领导、完善内部治理结构、实现关键环节突破、构建社会参与机制、推进国际交流合作五大改革任务。在五大建设任务和五大改革任务的目标引领下，2020年底，教育部、财政部、国家发展改革委制定了《"双一流"建设成效评价办法（试行）》，要求对"双一流"高校进行人才培养评价、教师队伍建设评价、科学研究评价、社会服务评价、文化传承创新评价以及国际交流合作评价，以便强化"双一流"建设成果。因此，在进行财会监督背景下"双一流"高校全面预算绩效评价前，必须要明确评价指标体系的构建原则和方法。

4.1 明确高校全面预算绩效评价指标体系构建原则

绩效评价指标是衡量绩效目标实现的核心要素，是反映绩效的重要手段。《管理办法》第十四条指出,财政和部门绩效评价指标的确定应当符合以下要求,即:与评价对象密切相关,全面反映项目决策、项目和资金管理、产出和效益;优先选取最具代表性、最能直接反映产出和效益的核心指标,精简实用;指标内涵应当明确、具体、可衡量,数据及佐证资料应当可采集、可获得;同类项目绩效评价指标和标准应具有一致性,便于评价结果相互比较。笔者认为,在财会监督背景下构建"双一流"高校预算管理绩效评价指标体系时,应遵循相关性、代表性、全面性、可操作性、可比性、系统性等原则。

4.1.1　相关性原则

相关性原则,是指绩效评价指标与绩效目标相关、一级指标与二级指标等各级指标相关、指标测量与指标含义相关。相关性是确保绩效评价结果合理准确的基础。在"双一流"高校建设任务的目标指引下,要进行人才培养、教师队伍建设、科学研究、社会服务、文化传承创新、国际交流合作六大方面评价,每个方面均不完全相同但又息息相关。人才的培养离不开教师队伍建设,教师和人才是进行科学研究的主力军,科学研究服务于社会,每个高校成员都应牢记历史,增强文化自信,加快高水平科技自立自强,增强对外开放,加强国际交流与合作。此外,二级指标与一级指标,二级指标之间也要具有相关性。比如一级指标人才培养预算资源投入下,具有师资结构和投入、基础设施、经费投入三个二级指标,从人、财、物的角度阐述了人才培养所需资源。

4.1.2　代表性原则

代表性原则,是指在绩效评价过程中,要选取能够反映高校绩效实际状况的评价指标,包括投入、过程、产出和效益各大方面。能够反映绩效情况的指标十分繁杂,各种指标所衡量的情况可能大不相同。因此,绩效评价应选择最为重要、最具代表性的指标来反映财政支出的业绩情况。绩效评价要求全面系统地评价财政支出的业绩状况,将所有指标都考虑进评价体系之中,以此来完整反映现实情况,但考虑到评价的成本和可行性,过多的指标会给评价工作带来很多困难,并且会花费更多的人力、物力、财力;此外,过多的指标会造成权重分配均等化,评价结果不能有效地反映核心绩效。因此,要尽可能去掉一些次要的、相关性低的指标,选取最为重要的、最能够代表评价重点的指标。[①] 这样既可以保证评价的质量,也不会耗费过多的资源。以人才培养方向资源投入角度为例,其二级指标基础设施下有教学用房面积、图书馆面积、科研实验场所面积、生活用房面积四个三级指标,分别从教育、学习、科研、生活四个角度衡量了基础设施水平,与学生的教育环境密切相关,具有极大的代表性。

4.1.3　全面性原则

全面性原则,即指标设置应考虑校内校外、财务非财务、教学生活等多个角度,绩效评价指标要能够全方位地反映预算的执行情况。本书在设置绩效评价指标时,以《管理办法》规定的评价角度为基准,结合 N 高校实际情况,选取了人才培养、科学研究、社会服务、文化传承创新、国际交流合作五大方面进行评价,由于教师是进行人才培养和科学研究的主要主体,因此将教师队伍建设融入其中进行评价。以上五大方面,既衡量了学生质量,又体现了师资力量,既涵盖硬性科学研究,又包含软性的社会服务,既注重本国传统文化的传承与创新,又放眼全球,加强国家交流合作,可谓是面面俱到,从全方位衡量了新时代财会监督背景下"双一流"高校预算绩效

---

① 张君瑜.高校专项资金预算绩效管理研究[D].河南大学,2019.

执行情况。从具体的评价指标来看,除了预算产出阶段的以上五大方面评价,本书还进行了管理流程评价,包括预算决策阶段、预算实施阶段以及预算绩效阶段,全方位、多角度地构建了高校预算绩效评价指标体系。

4.1.4 可操作性原则

可操作性原则,要求指标计算或认定所需要的数据资料可以采集并能用一定的方法进行科学测量,指标设计的可操作性是绩效评价工作得以开展的前提。数据的获得应当考虑现实条件和可操作性,通俗易懂、简便易行,符合成本效益原则。以科学研究方向绩效评价来说,一级指标科学研究方向资源投入下设置了高端人才队伍、实验室平台投入、经费投入三个二级指标,高端人才队伍下的三级指标包括两院院士人数、长江和杰青等高层次人才数量、具有高级职称科研人员数量、进行重大科研创新团队数量。高校每年都会统计或更新以上数据,并将信息纳入高校人才库中,在具体操作时,只需从人才库中下载整理即可,无须花费过多经历,极具便捷性和简易性。又如二级指标社会服务人力投入下,设置了参与社会服务人数、为社会各类人员提供培训数、指导社会服务导师数量、在社会各类单位实践人数四个三级指标,这些指标会由实践部门统计,存档备案。由此可见,在设置高校绩效评价指标时,不仅要结合绩效目标,更要考虑可操作性,使得整个流程科学合理且简便易行,这样高校才更有动力主动进行绩效评估,进而推动国家绩效评价进程。

4.1.5 可比性原则

可比性原则,是指高校绩效指标设计要能够相互比较,既包括相同类型高校之间的可比,也包括不同类型高校相同指标的横向可比,及同一高校不同时间点的纵向可比。《管理办法》适用于一般公共预算、政府性基金预算、国有资本经营预算项目支出的绩效评价，同样也适用于所有"双一流"高校相关项目的绩效评价，不同高校在进行绩效评价时，以《管理办法》为基础的绩效评价结果具有横向可比性。同时，绩效评价标准通常包括计划标准、行业标准、历史标准等，也就是说，高校在制定绩效目标时，可以以预先制定的目标、计划、预算、定额等作为评价标准，也可以参照国家公布的行业指标数据制定评价标准，或者参考以往年度预算执行情况制定评价标准，从而保障了预算绩效评价的纵向可比性。值得注意的是，在采用历史数据作为绩效目标标准时，为体现绩效改进的原则，高校在可实现的条件下应当确定相对较高的评价标准，以达到激励效果。

4.1.6　系统性原则

　　系统性原则，是指高校绩效指标设计要较全面、综合、系统地反映其办学绩效。高校绩效的影响因素较多，既有内部因素也有外部因素，既有财务因素也有非财务因素，既有定量指标也有定性指标，为全面反映高校的实际绩效，双一流高校预算管理绩效评价指标设计需要注重系统性。[①] 系统性原则，不仅要求内容上的全面性和完整性，更要求整个评价自成体系。《"双一流"建设成效评价办法（试行）》《预算绩效评价共性指标体系框架》（财预〔2013〕53号）等管理办法只是提供了一些共性的参考性框架，具体进行指标设计时，仍要考虑绩效主体所处的发展阶段、办学侧重、人文素养等等。例如高校可分为综合类、理工类、师范类、财经类、外语类等多种类别，对于综合类的高校，绩效评价指标要文理兼有，但对于单一

---

　　① 文小才.双一流高校预算管理绩效评价指标设计研究——以河南省为例[J].河南财政税务高等专科学校学报，2020，34（01）：1-8.

类别的高校,只需选择适合高校办学特点的绩效评价指标。在高校内部进行绩效评价时,也要区分主体,是部门预算绩效评价,还是项目预算绩效评价,都要结合实际情况对基本指标体系进行修正,不可生搬硬套。

4.1.7 及时性原则

《事业单位成本核算基本指引》指出,单位进行成本核算,应当遵循及时性原则,即单位应当及时收集、传递、处理、报告成本信息,便于信息使用者及时作出评价或决策,以确保预算管理的效率和结果。在预算绩效管理工作中,要紧跟预算资金的节奏安排和项目实施进展,根据实际情况及时调整预算、优化预算安排,确保预算资金能够快速响应社会需求,提高预算资金的使用效益。在全成本预算绩效管理过程中,及时性原则在各个环节中都有体现。在预算编制阶段,应及时收集相关数据,如上年预算编制情况、上年资金使用情况、今年预算绩效目标、国家政策方针、学校制度安排等,及时进行事前绩效评估,确保预算编制的合理性。在预算执行阶段,应当及时关注预算资金的使用情况,预算资金是否及时到位,是否按照原计划执行,若偏离原计划应及时做出响应,必要时可借助信息化工具,加强过程预算资金管控,以便实时调整预算资金,保障项目保质保量完成。在项目完成后,应及时检验交付成果,开展绩效评价,对于完成的好的项目,要给予鼓励表彰,建设典型,扩大示范性效应;对于未完成绩效目标的项目,要及时找原因、提方案,履行问责机制,确保预算发挥应有的效果。

4.1.8 重要性原则

重要性原则是指单位选择成本核算对象、进行成本核算应当区分重要程度,对于重要的成本核算对象和成本项目应当力求成本信息的精确,对于非重要的成本核算对象和成本项目可以适当简化核算。在进行成本核算时,根据不同的核算需求和核算标准,核算的对象和选取的指标也不尽相同。各高校应结合学校人才培养、科学研究、社会服务、文化传承与创新、国际交流与合作等不同社会职能,选择合适的成本核算方法,明确成本核算对象。高等学校按照管理层次确定的成本核算对象,主要包括高等学校整体、内部组织部门、学科、专业等,按照活动类型确定的成本核算对象,主要包括教学、科研等专业业务活动和其他活动。若高校重视人才培养,则可将教学活动作为成本核算对象,详细核算院系教学成本、学生教学成本等,核算时应根据学生类别、专业、学科、学历等对成本对象进行详细划分,以使成本核算结果尽量准确,真实反映出人才培养成本。需要注意的是,进行成本核算的目的是为了加强管控,提高资金使用效益,成本核算作为一种管理行为本身也会产生一定的成本,在进行预算管理时,应综合考虑投入和产出,以做出合适的管理行为。

4.2　完善高校全面预算绩效评价指标体系构建方法

依据全面预算绩效指标体系进行评价,是研究人才培养、科学研究、社会服务、文化传承与创新、国际交流合作五大方向中每个方向的最后一步,主要目的是为了在建立完评价指标体系的基础上,根据评价指标体系进行评价,得出此高校各大方向全面预算绩效的评价等级,进而服务于决策者的决策与判断。在全面预算绩效设计理念中,评价等级与预算拨款应相挂钩,但本书认为并不是评价等级低的发展方向,就一定减少预算拨款,降低资源投入力度,而评价等级高的发展方向,就一定继续增加拨款,增强资源投入力度。

本书认为,在未来全面预算一体化的大趋势下,预算投入与项目管理、资产管理、政府采购、资金支付、会计核算、决算分析、预算绩效管理等各方向全面联结,于一个系统一个体系中完成信息共享和互通,在管理逻辑上层层递进。因此,全面预算绩效评价的结果与预算拨款一定有关系,但并不一定呈线性正相关关系,预算投入须结合预算一体化整体因素以及高校发展战略目标和规划,结合国内外教育、经济形势,结合国家发展政策和方向全盘考虑,并不能单独予以割裂研究。因此,本书仅在全面预算绩效评价指标体系基础上,对各评价方向完成等级评价设计。

统计分析中,对指标评价的方法有很多,包括"3E"评价法、标杆管理法、平衡计分卡法、关键指标法、层次分析法、模糊综合评价法、TOPSIS法、成本效益分析法、比较法、因素分析法、最低成本法、公众评判法等。本书就拟采用的公众评判法和模糊综合评价法进行展开描述。公众评判法中,主要应用专家分析法,通过与财务领域相关专家访谈、发放并回收问卷等,得到基础数据。值得注意的是,由于本书涉及的指标范围较广,既包括财务指标又包括非财务指标,既有定量指标又有定性指标,为了保持评价结果的系统性,本书全部基础数据均通过公众评判法获得,后续数据处理采用模糊综合评价法。模糊综合评价法是一种基于模糊数学的综合评价方法。该综合评价法根据模糊数学的隶属度理论把定性评价转化为定量评价,即用模糊数学对受到多种因素制约的事物或对象做出一个总体的评价。它具有结果清晰、系统性强的特点,能较好地解决模糊的、难以量化的问题,适合各种非确定性问题的解决;主要步骤可分为建立综合评价的因素集、建立综合评价的评价集、确定各因素的权重、进行多级模糊评价并获得评价矩阵四步。

4.2.1 建立综合评价的因素集

因素集是以影响评价对象的各种因素为元素所组成的一个普通集合,通常用 U 表示,$U = \{u_1, u_2, \cdots, u_n\}$,其中元素 u_i 代表影响评价对象的第 i 个因素。这些因素通常都具有不同程度的模糊性。本书的评价因素集包括 11 个一级指标层、23 个二级指标层和 94 个三级指标层。

4.2.2 建立综合评价的评价集

评价集是评价者对评价对象可能做出的各种结果所组成的集合,通常用 V 表示,$V = \{v_1, v_2, \cdots, v_n\}$,其中元素 v_j 代表第 j 种评价结果,可以根据实际情况的需要,用不同的等级、评语或数字来表示。评价集元素既可以为定性评价,也可以为量化分值评价。本书设置的评价集为 $V = $ {优秀 v_1,良好 v_2,中等 v_3,较差 v_4,很差 v_5}。

4.2.3 确定各因素的权重

在模糊综合评价工作中,各因素的重要程度有所不同,为此,给各因素 u_i 一个权重 a_1,各因素的权重集合的模糊集,用 A 表示:$A = \{a_1, a_2, \cdots, a_n\}$。一般可以通过专家经验法或者层次分析法构建权重向量,也可以通过熵权法或者结构方程模型确定权重。

4.2.4 进行多级模糊评价,获得评价矩阵

若因素集 U 中第 i 个元素对评价集 V 中第 1 个元素的隶属度为 r_{i1},

则对第 i 个元素单因素评价的结果用模糊集合表示为:$R_i = \{r_{i1}, r_{i2}, \cdots, r_{im}\}$,以 m 个单因素评价集 $R_1, R_2, \cdots, R_n$ 为行组成矩阵 R_{n*m},称为单因素模糊综合评价矩阵。其中,确定各个因素对评语集的隶属度,可以采用最传统的百分比统计法。

$$R_i = \begin{bmatrix} r_{11} & \cdots & r_{1n} \\ \vdots & \ddots & \vdots \\ r_{m1} & \cdots & r_{mn} \end{bmatrix}$$

由于本书设置了 11 个一级指标层、23 个二级指标层和 94 个三级指标层,因此须采用多级模糊综合评价,即先对三级指标层的因素进行评价,然后对二级指标层的因素进行评价,最后对一级指标层的因素进行评价。进行多级模糊评价步骤如下:

(1) 确定各评价指标及其权重。第一次为一级评价指标层,本书中分为 U_1、U_2;第二层为二级评价指标层,对一级指标层进行划分,记为 $U = \{u_1, u_2, \cdots, u_n\}$;第三层为三级评价指标层,对二级指标层进行再划分,记为 $U_i = \{u_{i1}, u_{i2}, \cdots, u_{in}\}$。可以通过 AHP 法分别确定各指标层权重向量 $W = (w_1, w_2, \cdots, w_n)$,$W_i = (w_{i1}, w_{i2}, \cdots, w_{in})$,$i = 1, 2, \cdots, n$。

(2) 选取有关专家组成专家打分小组,对评价指标体系中的各指标进行单因素评价,可以得到单因素模糊判断矩阵 R_i:

$$R_i = \begin{bmatrix} r_{i11} & \cdots & r_{i1n} \\ \vdots & \ddots & \vdots \\ r_{im1} & \cdots & r_{imn} \end{bmatrix}$$

(3) 通过计算,确定第 i 类因素的模糊综合评价集 B_i:

$$B_i = W_i * R_i = (w_{i1}, w_{i2}, \cdots, w_{in}) \begin{bmatrix} r_{i11} & \cdots & r_{i1n} \\ \vdots & \ddots & \vdots \\ r_{im1} & \cdots & r_{imn} \end{bmatrix} = (b_{i1}, b_{i2}, \cdots, b_{im})$$

（4）得到最终的模糊综合评价集为 B，并根据模糊评价集和最大隶属度原则对高校全面预算绩效做出评价：

$$B = W * (B_1, B_2, \cdots, B_n)^{\mathrm{T}} = (W_1, W_2, \cdots, W_n)^{\mathrm{T}} *$$

$$(B_1, B_2, \cdots, B_n) = (b_1, b_2, \cdots, b_n)$$

第5章 全面预算绩效管理 "高校模式"研究之 管理流程评价

新时代背景下,以绩效为导向的高校预算管理应当包括从绩效目标设定、预算编制、预算执行到预算调整、预算绩效评价、评价结果应用等诸多环节,因而对高校预算管理进行评价应充分体现这些环节的绩效状况,既强调"投入"和"过程",又强调"效果"和"产出",既注重高校预算资金纵向和横向配置的科学性和最优化,又注重高校预算资金使用的规范化和高效率,[①]从而推动高校人才培养、科学研究、社会服务、文化创新、国际交流合作等五大功能的实现,此状态为预算绩效管理更加完善的状态,即绩效预算管理,即以事谋资源,以绩效目标谋预算投入。目前,高校全面预算绩效管理主要为预算绩效管理,即对已完成的预算投入进行绩效监控、绩效评价及评价结果应用。

目前 N 高校预算绩效管理主要流程包括预算决策、预算实施、预算产出、预算绩效四个环节,具体框架见图 5-1。根据预算绩

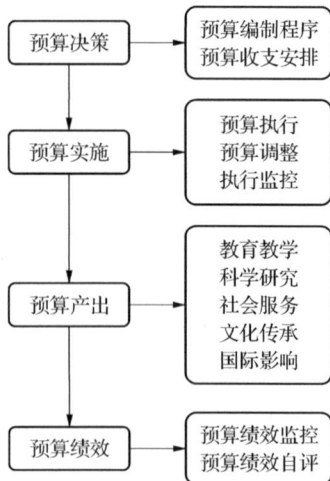

预算决策	→	预算编制程序 预算收支安排
预算实施	→	预算执行 预算调整 执行监控
预算产出	→	教育教学 科学研究 社会服务 文化传承 国际影响
预算绩效	→	预算绩效监控 预算绩效自评

图 5-1　N 高校预算绩效管理主要流程

① 文小才.双一流高校预算管理绩效评价指标设计研究——以河南省为例[J].河南财政税务高等专科学校学报,2020,34(01):1-8.

效管理框架,结合 N 高校预算绩效管理实际,构建预算绩效管理流程评价指标。

5.1 预算编制阶段评价指标体系设计

预算编制阶段包括预算编制程序管理和预算收支具体安排,此阶段是整个预算绩效管理的首要阶段,是预算绩效管理的前提,也是预算绩效管理工作的重要组成部分。根据高校发展规划和办学目标,合理完成预算决策,编制预算,确保高校的财政资金、自筹资金得以合理分配和最大限度的有效利用,确保资源投入到学校重点发展方向,是预算编制的重要目标。因此,本书对预算编制阶段选择的评价指标主要为预算编制战略性、预算编制及时性、预算编制合理性。

预算编制战略性。编制的预算绩效目标是否符合学校整体的战略导向,是否从全局角度出发,服务于整体目标实现。"双一流"建设背景下,高校战略目标即为建设世界一流大学和世界一流学科,落实立德树人根本任务,培养德智体美劳全面发展的社会主义建设者和接班人。

预算编制及时性。预算编制的时间节点是否符合教育部、财政部要求,能否在规定的时间内完成本年度预算编制,能否有效指导后续预算管理阶段,包括预算实施阶段、预算产出阶段及预算绩效阶段。

预算编制合理性。学校预算、部门预算、项目预算的绩效目标是否具有充分编制依据,是否参照行业标准、历史标准或同类型高校标准等,是否符合绩效主体的客观实际,能够充分反映和考核项目预算绩效实际情况。

5.2 预算执行阶段评价指标体系设计

预算执行阶段是将预算决策结果加以落实的环节。预算实施阶段是预算决策阶段和预算绩效阶段的中间环节,同时也是预算绩效管理工作的重要组成部分。此部分包括预算执行、预算调整、预算执行监控。因此,本书对预算执行阶段选择的评价指标主要为预算执行及时性、预算调整比率、预算执行监控有效性。

预算执行及时性,指预算执行的进度是否符合规定,能否按照预算决策阶段的计划及时实施。上一阶段预算计划完成后,是否能够及时开展下一阶段预算活动,是否具有连续执行预算计划的意识和能力。

预算调整比率,包括时间和空间上的调整。时间上,是否按照原定时间节点完成计划任务;空间上,是否达到预算决策阶段目标,尤指涉及实物的预算类别,比如房屋修缮面积、消防设施改造情况等。

预算执行监控有效性。是否采取有效措施对预算执行过程进行监督和控制,比如是否专人专责,及时对预算执行情况进行把控,以保障预算执行阶段顺利实施;是否严格按照标准筛选分析预算单位实有资金收入信息、资源分配信息等,通过与预算编制情况的对比论证,发现预算执行过程中存在的问题。

5.3　预算产出阶段评价指标体系设计

预算产出阶段是高校使用财政资金以及自筹资金对学校各个方面进行投入后，在一定阶段实现的产出和得到的成果。高校的产出和成果按照高校战略发展规划和高校定位，进行主次划分。在《管理办法》中，财政和部门评价的内容主要包括决策情况、资金管理和使用情况、相关管理制度办法的健全性及执行情况、实现的产出情况和取得的效益情况。本书将结合 N 高校的预算产出，按人才培养、科学研究、社会服务、文化传承与创新、国际交流合作五大方向，分别选择评价指标构建评价体系，指标选取和体系设计将在后文详细论述。

5.4　预算绩效阶段评价指标体系设计

预算绩效阶段是运用科学的方法来评价资金投入产出的效益是否与学校的整体规划和预算目标相吻合。自 2018 年中共中央、国务院发布《关于全面实施预算绩效管理的意见》后，预算绩效管理逐渐成为高校财务管理活动的重点，教育部、财政部按照国家发展重要部署，一步步推进预算绩效管理要求，提高预算绩效管理水平，预算管理绩效状况直接决定着高校的资源配置及使用效益、办学效益及竞争力。预算绩效阶段的评价指标，主要从预算绩效工作开展的角度进行设计，包括预算绩效工作及时性、预算绩效工作合理性、预算绩效工作有效性。

预算绩效工作及时性。是否按照教育部等有关部门的要求,及时对本年度预算情况进行总结分析,形成书面报告。各预算单位主体是否及时组织召开研讨会、复盘会、集体讨论等,对上一年度预算编制、实施、产出阶段进行回顾,是否及时提出改进建议和方案等。

预算绩效工作合理性。进行预算绩效工作分析时,是否依据充分,全面收集了预算编制、实施、产出阶段的数据,是否流程合理、内容合理,针对人才培养、科学研究、社会服务、文化传承创新、国际交流合作等不同方向设置了对应的绩效评价指标,开展了相适应的绩效评价工作。

预算绩效工作有效性。本年度开展的预算绩效评估能否客观、真实地反映上年度预算执行情况,是否能够作为绩效评价结果应用到人员考核中,是否能够作为历史数据,对下一年度预算编制具有借鉴意义,是否能够作为行业数据,对同行业相同类型预算单位预算编制具有借鉴意义。

表5-1显示了高校全面预算绩效管理流程评价指标,包含三个二级指标和九个三级指标。其中,预算产出阶段评价指标包含人才培养、科学研究、社会服务、文化传承与创新、国际交流合作五大方面,将在后文详细论述。

表5-1 预算绩效管理流程评价指标体系

一级指标	二级指标	三级指标	指标解释
高校全面预算绩效管理流程评价	预算编制	预算编制战略性	编制的预算绩效目标是否符合学校整体的战略导向,是否从全局角度出发,服务于整体目标实现。"双一流"建设背景下,高校战略目标即为建设世界一流大学和世界一流学科,落实立德树人根本任务,培养德智体美劳全面发展的社会主义建设者和接班人
		预算编制及时性	预算编制的时间节点是否符合教育部、财政部要求,能否在规定的时间内完成本年度预算编制,能否有效指导后续预算管理阶段,包括预算实施阶段、预算产出阶段及预算绩效阶段

一级 指标	二级 指标	三级指标	指标解释
高校全面预算绩效管理流程评价	预算执行	预算编制 合理性	学校预算、部门预算、项目预算的绩效目标是否具有充分编制依据,是否参照行业标准、历史标准或同类型高校标准等,是否符合绩效主体的客观实际,能够充分反映和考核项目预算绩效实际情况
		预算执行 及时性	指预算执行的进度是否符合规定,能否按照预算决策阶段的计划及时实施。上一阶段预算计划完成后,是否能够及时开展下一阶段预算活动,是否具有连续执行预算计划的意识和能力
		预算调整比率	包括时间和空间上的调整。时间上,是否按照原定时间节点完成计划任务;空间上,是否达到预算决策阶段目标,尤指涉及实物的预算类别,比如房屋修缮面积、消防设施改造情况等
		预算执行监控 有效性	是否采取有效措施对预算执行过程进行监督和控制,比如是否专人专责,及时对预算执行情况进行把控,以保障预算执行阶段顺利实施;是否严格按照标准筛选分析预算单位实有资金收入信息、资源分配信息等,通过与预算编制情况的对比论证,发现预算执行过程中存在的问题
	预算绩效	预算绩效工作及时性	是否按照教育部等有关部门的要求,及时对本年度预算情况进行总结分析,形成书面报告。各预算单位主体是否及时组织召开研讨会、复盘会、集体讨论等,对上一年度预算编制、实施、产出阶段进行回顾,是否及时提出改进建议和方案等
		预算绩效工作 合理性	进行预算绩效工作分析时,是否依据充分,全面收集了预算编制、实施、产出阶段的数据,是否流程合理、内容合理,针对人才培养、科学研究、社会服务、文化传承创新、国际交流合作等不同方向设置了对应的绩效评价指标,开展了相适应的绩效评价工作
		预算绩效工作 有效性	本年度开展的预算绩效评估能否客观、真实地反映上年度预算执行情况,是否能够作为绩效评价结果应用到人员考核中,是否能够作为历史数据,对下一年度预算编制具有借鉴意义,是否能够作为行业数据,对同行业相同类型预算单位预算编制具有借鉴意义

第 6 章　全面预算绩效管理
"高校模式"研究之
人才培养方向

6.1　基于人才培养方向的高校全面预算
绩效分析

　　高校的重点任务之一就是人才培养工作,通过教育教学,努力培养适应经济社会和国家发展需要的大量专业性人才和创新型人才,为学生提供高质量的教学服务,顺应管理育人的教育理念,做好"三全育人"是高校的重点工作,尤其在高等教育国际化的时代,优质人才争夺本质上涉及国家的发展和未来。因此,为国家和社会培养综合性、创新性、专业性的人才,是高校办学的首要目标和根本任务,离开这个目标,高校的历史使命将无法完成,创办高校的意义将不复存在。在此过程中,资源供给是高校完成任务、产出丰硕的基本保证,师资力量、基础设施、图书资源等高校运转最基本的资源均需要高校财力予以支撑。因此,从人才培养方向制定高校全面预算绩效评价指标具有重要意义。

　　当今社会正经历世界百年未有之大变局,尤其是在全球疫情持续性蔓延后,国家经济和社会发展面临考验,作为经济发展的重要生产力,高校在这样的时代背景和历史时期下，被赋予了更加重要的历史使命，即不断提升教育教学质量，不断为国家输送重要人才，有重点、有针对性地对教育教学工作进行改革和创新，持续发展教育教学水平，踏实服务于培养学生，管理育人，踔厉奋发，勇于担当，开创具有中国特色的世界一流大学，为全面建设社会主义现代化国家努力奋斗。

6.2 基于人才培养方向的高校全面预算绩效评价指标分析

所谓预算绩效，可拆分为预算和绩效两个方面思考。预算，顾名思义，财力支持和分配；绩效，则为高校在各个方面投入财力支撑后所获得的产出和收益。全面预算绩效的提出和发展是国家社会和经济发展的重要表现。国家和社会发展若仅投入不考虑产出，则难免会出现资源浪费、分配不均等情形；仅要求产出不考虑投入，则会产生发展失衡、效率低下等情况。对于高校而言，发展的主要方向包括人才培养、科学研究、社会服务、文化传承与创新、国际交流合作等，高校将主要资源投入和分配至此五大方向后，绩效评价亦将率先从此五大方向开展。因此，本章将率先从人才培养方向探索影响绩效评价的因素及其对应的评价指标。

6.2.1 高校人才培养预算资源投入评价指标体系设计

高校在人才培养方面，对教育资源投入的形式具备多元化和特殊性，包括师资投入、教学条件、基础设施、图书资源等各个方面，尤其是在百年变局与世纪疫情相互交织的大背景下，在国内外形势错综复杂且面临严峻挑战的前提下,高校保障人才培养质量,全面保证教育教学正常开展,攻坚克难,不断提升教育教学水平,是高校开展所有活动的前提和基础。根据笔者实际走访调查,本书将从师资结构和投入、基础设施、经费投入三个方面,建立高校人才培养预算资源投入评价指标体系。

人才培养评价是指将立德树人成效作为根本考察标准,以人才培养过程、结果及影响为评价对象,突出培养一流人才,综合考察建设高校思政课程、课程思政、教学投入与改革、创新创业教育、毕业生就业质量以及德智体美劳全面发展等方面的建设举措与成效。

(1)师资结构和投入

副教授及以上教师人数。副教授及以上教师人数指高等学校职称为副教授和教授的教师数量。作为学生导师,副教授和教授是培养学生学习能力和研究能力的重要主体力量。

硕士及以上学历教师人数。指高等学校学历为硕士、博士、博士后的教师数量。该指标从学历层面反映了高校教师质量,是人才培养的重要保障。

师生比。指高等学校在职教师数量与在籍学生数量之比,计算公式为:学校教师人数/培养学生人数。该指标反映了每位学生所享有的指导教师数量,指标越大,说明该校教师数量越充足,学生得到的教师培养越多。

正教授给本科生上课人数。指高等学校中承担本科生教学任务的职称为教授的教师数量。《关于加强新时代高校教师队伍建设改革的指导意见》(教师〔2020〕10号)明确规定:"将教授为本专科生上课作为基本制度,高校应明确教授承担本专科生教学最低课时要求,对未达到要求的给予年度或聘期考核不合格处理。"

(2)基础设施

教学用房面积。指用于日常教育教学的教室、研讨室等空间的面积。

参考教育部 2018 年组织编制的《普通高等学校建筑面积指标》，教学用房包括一般教室（小教室、中教室、合班教室、阶梯教室）、制图教室、艺术教室等。课堂是传道授业解惑的主要场所，教学用房面积体现了高等院校对于课程安排的重视程度。

图书馆面积。参考《普通高等学校建筑面积指标》，图书馆面积指各种阅览室、书库、检索厅、出纳厅、报告厅、内部业务用房（采编、装订等）、技术设备用房（图书消毒室、复印室、网络控制室等）、办公及附属用房（办公室、会议室、接待室等）的面积。除了老师直接教学外，高等院校注重人才自主学习、获取新知识能力的培养，图书馆是学生培养自主学习能力的重要场所，图书馆面积应作为基础设施投入的指标纳入绩效评价中。

科研实验场所面积。指用于科研和实验的场所面积。《普通高等学校建筑面积指标》指出，科研实验场所包括：教学实验用房（公共基础课、专业基础课、专业课所需的各种实验室、计算机房、语音室及附属用房），实习实训用房（包括工程训练中心），自选科研项目及学生科技创新用房，研究生实验研究补助用房。

生活用房面积。生活用房为除了教学、图书馆和科研实验场所之外的生活空间，比如室内体育馆、室外操场、大学生活动中心、礼堂、宿舍、餐厅、医务室等，包含广泛，是师生生活水平的重要保障。该指标值越高，表明学生享受到的生活设施越多。

（3）经费投入

教育经费拨款。教育经费是指中央和地方财政部门的财政预算中实际用于教育的费用，是办学必不可少的财力条件。高校教育拨款包括基本支出、六大财政专项项目支出、基本建设经费和其他专项资金等。高等院校为非营利性组织，教育经费拨款是其重要的收入来源之一，对高校人才培养等各方面至关重要。

生均教育投入。即每位在校生享有的教育资金，计算公式为：高等院校教育资金投入/在校生人数。该指标越高,表明高等院校对每位在校生的投资越高。

副教授及以上教师平均年收入。即副教授、教授的平均年收入。收入包括基本工资、津贴、绩效工资、科研经费等。

教学支出占总支出比。指上一年度中用于教育教学的支出占全校各项事业活动总支出的比例,计算公式为:教育教学支出/全校总支出×100%。该指标反映了用于教育教学的资金比例,比例越接近1,表明高校用于教育教学的资金越多。

表6-1显示了人才培养方向资源投入评价指标,包含三个二级指标和十二个三级指标。

表6-1 人才培养方向资源投入评价指标体系

一级指标	二级指标	三级指标
人才培养方向 资源投入	师资结构和投入	副教授及以上教师人数
		硕士及以上学历教师人数
		师生比
		正教授给本科生上课人数
	基础设施	教学用房面积
		图书馆面积
		科研实验场所面积
		生活用房面积
	经费投入	教育经费拨款
		生均教育投入
		副教授及以上教师平均年收入
		教学支出占总支出比

6.2.2 成果产出评价指标体系设计

对于高校来说,预算资源在人才培养方面的投入,对应的成果产出也主要集中在人才培养上,与人才培养活动开展目标和高校主要战略规划相吻合。本书将主要从人才培养完成度方面,建立高校人才培养方向成果产出评价指标体系。

本科毕业率,即在学制所规定的年限内实际毕业的本科学生人数与应该毕业的本科学生人数之比,计算公式为:(学制规定年限内毕业本科学生数/本批次本科新生入学总人数)×100%。人才培养是大学的本质职能,本科教育是大学的根和本,本科毕业率是高等院校人才培养方向产出绩效的首要评价指标。

硕士毕业率,即在学制所规定的年限内实际毕业的硕士学生人数(包含学术型硕士与专业型硕士)与应该毕业的硕士学生人数之比,计算公式为:(学制规定年限内毕业硕士学生数/本批次硕士新生入学总人数)×100%。相比本科生而言,硕士具有较强的科研能力和实践能力,硕士毕业率能够体现高校硕士人才培养成果。

博士毕业率,即在学制所规定的年限内实际毕业的博士学生人数与应该毕业的博士学生人数之比,计算公式为:(学制规定年限内毕业博士学生数/本批次博士新生入学总人数)×100%。博士具有更强的独立发现问题、思考问题、解决问题的能力,博士毕业率能够体现高校博士人才培养成果。

学校就业率,即学生就业率,是反映学校组织管理、教育教学等各方面办学工作的重要指标,不同学历层次学生具有不同的就业偏好,衡量学校整体就业率有助于从全局把握高校人才培养的成果,包括本科、硕士和博士。

校友捐赠率,即已毕业的校友中,对学校产生捐赠行为的校友占已毕业校友总数的比例。高校的首要任务是立德树人,不仅要求学生掌握专业技能顺利毕业,更要培养学生健全的人格。此处用校友捐赠率来反映人才培养的柔性完成度。

表6-2显示了人才培养方向成果产出评价指标,包含一个二级指标和五个三级指标。

表6-2 人才培养方向成果产出评价指标体系

一级指标	二级指标	三级指标	说明
人才培养方向成果产出	人才培养完成度	本科毕业率	在学制所规定的年限内实际毕业的本科学生人数与应该毕业的本科学生人数之比,计算公式为:(学制规定年限内毕业本科学生数/本批次本科新生入学总人数)×100%。人才培养是大学的本质职能,本科教育是大学的根和本,本科毕业率是高等院校人才培养方向产出绩效的首要评价指标
		硕士毕业率	在学制所规定的年限内实际毕业的硕士学生人数(包含学术型硕士与专业型硕士)与应该毕业的硕士学生人数之比,计算公式为:(学制规定年限内毕业硕士学生数/本批次硕士新生入学总人数)×100%。相比本科生而言,硕士具有较强的科研能力和实践能力,硕士毕业率能够体现高校硕士人才培养成果
		博士毕业率	在学制所规定的年限内实际毕业的博士学生人数与应该毕业的博士学生人数之比,计算公式为:(学制规定年限内毕业博士学生数/本批次博士新生入学总人数)×100%。博士具有更强的独立发现问题、思考问题、解决问题的能力,博士毕业率能够体现高校博士人才培养成果
		学校就业率	也称学生就业率,是反映学校组织管理、教育教学等各方面办学工作的重要指标,不同学历层次学生具有不同的就业偏好,衡量学校整体就业率有助于从全局把握高校人才培养的成果,包括本科、硕士和博士
		校友捐赠率	校友捐赠率是指,已毕业的校友中,对学校产生捐赠行为的校友占已毕业校友总数的比例。高校的首要任务是立德树人,不仅要求学生掌握专业技能顺利毕业,更要培养学生健全的人格。此处用校友捐赠率来反映人才培养的柔性完成度

6.3 基于人才培养方向的高校全面预算绩效 指标评价问卷示例

　　您好，请您根据自身理解，完成以下问卷填写。请您对每个评价指标进行评价，选择合适的评价等级。感谢您在百忙之中抽出时间回答我们的调查问卷，谢谢您的合作！

表6-3　人才培养方向高校全面预算绩效指标评价问卷示例

序号	评价指标	评价等级				
		优秀	良好	中等	较差	很差
1	副教授及以上教师人数					
2	硕士及以上学历教师人数					
3	师生比					
4	正教授给本科生上课人数					
5	教学用房面积					
6	图书馆面积					
7	科研实验场所面积					
8	生活用房面积					
9	教育经费拨款					
10	生均教育投入					
11	副教授及以上教师平均年收入					
12	教学支出占总支出比					
13	本科毕业率					
14	硕士毕业率					
15	博士毕业率					
16	学校就业率					
17	校友捐赠率					

第7章 全面预算绩效管理 "高校模式"研究之 科学研究方向

7.1 基于科学研究方向的高校全面预算 绩效分析

随着知识经济时代的高速发展,科学技术逐渐成为一个国家最重要的竞争力影响因素,而高校科学研究水平和质量对国家的科研水平具有举足轻重的影响。党的十八大以来,高校获得了60%以上的国家科技三大奖励。全国60%以上的基础研究、80%以上的国家自然科学基金项目由高校承担。科研工作是一个高校的重要职能,高校需要不断提高科研人员队伍的专业能力、提升科研人才的创新水平,对科研工作进行改革和创新,持续发展科学研究水平,踏实服务于国家科学研究发展,不断攻坚克难,解决"卡脖子"问题,踔厉奋发,勇于担当。

党的二十大报告指出,"教育、科技、人才是全面建设社会主义现代化国家的基础性、战略性支撑","要坚持教育优先发展、科技自立自强、人才引领驱动,加快建设教育强国、科技强国、人才强国"。要健全新型举国体制,强化国家战略科技力量,优化国家科研机构、高水平研究型大学、科技领军企业定位和布局,提升国家创新体系整体效能,这为我国高校在新时期新征程上建设双一流高校提供了根本遵循,指明了发展方向。一个国家的发展与科技进步和科学创新密不可分,而科技进步和科学创新与国家科研人员的整体数量和质量、科研经费投入规模、高层次科研人才的水平、科研活动开展的条件和环境等息息相关。

科技是国家强盛之基、安全之要,必须加快科技自立自强。当前,科技创新已经成为提高社会生产力和综合国力的战略支撑,成为推动社会生产方式和生活方式变革进步的强劲动力,谁牵住了科技创新这个牛鼻子,走好了科技创新这步先手棋,谁就能占领先机、赢得优势。在迈上全面建设社会主义现代化国家新征程、以中国式现代化全面推进中华民族伟大复兴的关键时期,在新一轮科技革命和产业变革与我国高质量发展形成历史性交汇的关键节点,加强基础研究,从源头和底层解决关键技术问题,对于实现高水平科技自立自强、开创具有中国特色的世界一流大学、在大国科技竞争与合作中赢得话语权显得尤为重要。

7.2 基于科学研究方向的高校全面预算绩效评价指标分析

7.2.1 资源投入评价指标体系设计

高校在科学研究方面,对科研资源投入的形式具备多元化和特殊性,包括对科研人力资源、科研条件和科研平台、科研经费、科研资源等各个方面,尤其是在百年变局与世纪疫情相互交织的大背景下,在国内外形势错综复杂且面临严峻挑战的前提下,高校保障科研发展质量,全面保证科研工作正常开展,攻坚克难,不断提升科研发展水平,致力于解决国家科研发展"卡脖子"问题,是高校开展科研工作的前提和基础。本书将从高端人才队伍、实验室平台投入、经费投入三个方面,建立高校科学研究预算资源投入评价指标体系。

科学研究评价突出原始创新与重大突破,不唯数量、不唯论文、不唯奖项,实行代表作评价,强调成果的创新质量和贡献,结合重大、重点创新基地平台建设情况,综合考察建设高校提高科技创新水平、解决国家关键技术"卡脖子"问题、推进科技评价改革的主要举措,在构建中国特色哲学社会科学学科体系、学术体系、话语体系中发挥的主力军作用,以及面向改革发展重大实践,推动思想理论创新、服务资政决策等方面取得的成效。

(1) 高端人才队伍

两院院士人数。两院院士,是中国科学院院士和中国工程院院士的统称。中国科学院院士是国家设立的科学技术方面的最高学术称号,为终身荣誉[①];中国工程院院士,是国家设立的工程科学技术方面的最高学术称号,为终身荣誉。院士由选举产生。[②]

长江、杰青等高层次人才数量。国家高层次人才特殊支持计划,简称"国家特支计划",亦称国家"万人计划",是面向国内高层次人才的支持计划。2012 年 8 月 17 日,经党中央、国务院领导批准,由中组部、人社部等11 个部门和单位联合印发。目标是用 10 年时间,遴选 1 万名左右自然科学、工程技术和哲学社会科学领域的杰出人才、领军人才和青年拔尖人才,给予特殊支持。国家"万人计划"体系由三个层次构成。第一层次为

① 《中国科学院章程》.
② 《中国工程院章程》.

100 名杰出人才;第二层次为 8 000 名领军人才,包括科技创新领军人才、科技创业领军人才、哲学社会科学领军人才、教学名师;第三层次为 2 000 名青年拔尖人才。[①]

具有高级职称科研人员数量。高级职称是职称中最高级别,分正高级和副高级。职称最初源于职务名称,理论上职称是指专业技术人员的专业技术水平、能力,以及成就的等级称号,反映了专业技术人员的技术水平和工作能力等。就学术而言,它具有学衔的性质;就专业技术水平而言,它具有岗位的性质。专业技术人员拥有何种专业技术职称,表明他具有何种学术水平或从事何种工作岗位,象征着一定的身份和地位。

进行重大科研创新团队数量。此处的重大科研创新团队数量可以理解为承担的国家重点科研项目数量,国家重点科研项目包括高校承担的科技重大专项,如国家自然科学基金会的重大重点项目、863 计划等。

（2）实验室平台投入

国家重点实验室数量。国家重点实验室是科学与工程研究类国家科技创新基地的一种。国家重点实验室面向前沿科学、基础科学、工程科学等,开展基础研究、应用基础研究等,推动学科发展,促进技术进步,发挥原始创新能力的引领带动作用。科学与工程研究类国家科技创新基地定位于瞄准国际前沿,聚焦国家战略目标,围绕重大科学前沿、重大科技任务和大科学工程,开展战略性、前沿性、前瞻性、基础性、综合性科技创新活动。

博士后流动站数量,是指按照规定条件,评审出一些学术水平较高、科研和后勤条件较好的高等学校或科研机构,批准其在某些学科内招收

---

① 百度百科,《国家高层次人才特殊支持计划》.

国内外刚刚获得博士学位的优秀年轻博士从事博士后研究工作的组织。

科研实验场所面积,指用于科研和实验的场所面积。《普通高等学校建筑面积指标》指出,科研实验场所包括:教学实验用房(公共基础课、专业基础课、专业课所需的各种实验室、计算机房、语音室及附属用房),实习实训用房(包括工程训练中心),自选科研项目及学生科技创新用房,研究生实验研究补助用房。

产学研联合实验室数量。产学研,是指企业、高校、科研机构相结合,是科研、教育、生产不同社会分工在功能与资源优势上的协同与集成化,是技术创新上、中、下游的对接与耦合。"产学研联合实验室"模式是企业选择有技术优势、人才优势和科研条件优势的高校、科研机构联合成立具有独立法人资格或不具有法人资格的实验室或研发机构,是产学研结合的高级形式。

(3) 经费投入

科研经费总额。科研经费泛指各种用于发展科学技术事业而支出的费用。科研经费通常由政府、企业、民间组织、基金会等通过委托方式或对申请报告的筛选来分配,用于解决特定的科学和技术问题。科学技术是第一生产力,科研经费总额反映了高校对科研的重视程度。

科研财政拨款和科研自筹经费比例。财政科研拨款,即高等学校从本级财政部门取得的各类财政科研拨款。科研自筹经费是指高校取得的非同级财政收入、投资收益、捐赠收入、租金收入等一系列高校自筹收入。自筹收入占比越高,说明高校自身获取经费能力越强,高校自己能够获取经费的能力越强,越有利于高校的"双一流"建设,为教学科研提供经济基础。同时,更多的资金获取渠道能反映高校履行公共行政职责的能力,更能吸引社会多渠道资金收入。[①]

---

① 陆芊芊."双一流"建设背景下的高校财务绩效综合评价研究[D].常州:常州大学,2022.

科研人员平均年收入,即科研工作者的平均年收入。收入包括基本工资、津贴、绩效工资、科研经费等。

科研支出占总支出比。该指标反映科研活动中发生的材料费、加工测试费、业务委托费、出版/印刷费、燃料费等指标所占比例,包括从事基础研究和近期无法取得实用价值的应用基础研究机构的支出和国家重点实验室、部门开放实验室等的支出。该数值越大,说明高校的科研事业发展的劲头越好,科研经费也会随之越来越多。[①] 其计算公式为:科研经费支出比率=科研经费总额/总支出。

表7-1显示了科学研究方向资源投入评价指标,包含三个二级指标和十二个三级指标。

表7-1　科学研究方向资源投入评价指标体系

一级指标	二级指标	三级指标	说明
科学研究方向资源投入	高端人才队伍	两院院士人数	两院院士,是中国科学院院士和中国工程院院士的统称。中国科学院院士是国家设立的科学技术方面的最高学术称号,为终身荣誉;中国工程院院士,是国家设立的工程科学技术方面的最高学术称号,为终身荣誉。院士由选举产生
		长江、杰青等高层次人才数量	国家高层次人才特殊支持计划,简称"国家特支计划",亦称国家"万人计划",是面向国内高层次人才的支持计划。2012年8月17日,经党中央、国务院领导批准,由中组部、人社部等11个部门和单位联合印发。目标是用10年时间,遴选1万名左右自然科学、工程技术和哲学社会科学领域的杰出人才、领军人才和青年拔尖人才,给予特殊支持。国家"万人计划"体系由三个层次构成。第一层次为100名杰出人才;第二层次为8000名领军人才,包括科技创新领军人才、科技创业领军人才、哲学社会科学领军人才、教学名师;第三层次为2000名青年拔尖人才

---

① 陆芊芊."双一流"建设背景下的高校财务绩效综合评价研究[D].常州大学,2022.

一级指标	二级指标	三级指标	说明
科学研究方向资源投入		具有高级职称科研人员数量	高级职称是职称中最高级别,分正高级和副高级。职称最初源于职务名称,理论上职称是指专业技术人员的专业技术水平、能力,以及成就的等级称号,是反映专业技术人员的技术水平、工作能力。就学术而言,它具有学衔的性质;就专业技术水平而言,它具有岗位的性质。专业技术人员拥有何种专业技术职称,表明他具有何种学术水平或从事何种工作岗位,象征着一定的身份和地位
		进行重大科研创新团队数量	此处的重大科研创新团队数量可以理解为承担的国家重点科研项目数量,国家重点科研项目包括高校承担的科技重大专项,如国家自然科学基金会的重大重点项目、863 计划等
	实验室平台投入	国家重点实验室数量	国家重点实验室是科学与工程研究类国家科技创新基地的一种。国家重点实验室面向前沿科学、基础科学、工程科学等,开展基础研究、应用基础研究等,推动学科发展,促进技术进步,发挥原始创新能力的引领带动作用。科学与工程研究类国家科技创新基地定位于瞄准国际前沿,聚焦国家战略目标,围绕重大科学前沿、重大科技任务和大科学工程,开展战略性、前沿性、前瞻性、基础性、综合性科技创新活动
		博士后流动站数量	是指按照规定条件,评审出一些学术水平较高、科研和后勤条件较好的高等学校或科研机构,批准其在某些学科内招收国内外刚刚获得博士学位的优秀年轻博士从事博士后研究工作的组织
		科研实验场所面积	指用于科研和实验的场所面积。《普通高等学校建筑面积指标》指出,科研实验场所包括:教学实验用房(公共基础课、专业基础课、专业课所需的各种实验室、计算机房、语音室及附属用房),实习实训用房(包括工程训练中心),自选科研项目及学生科技创新用房,研究生实验研究补助用房
		产学研联合实验室数量	产学研,是指企业、高校、科研机构相结合,是科研、教育、生产不同社会分工在功能与资源优势上的协同与集成化,是技术创新上、中、下游的对接与耦合。"产学研联合实验室"模式是企业选择有技术优势、人才优势和科研条件优势的高校、科研机构联合成立具有独立法人资格或不具有法人资格的实验室或研发机构,是产学研结合的高级形式

一级指标	二级指标	三级指标	说明
科学研究方向资源投入	经费投入	科研经费总额	科研经费泛指各种用于发展科学技术事业而支出的费用。科研经费通常由政府、企业、民间组织、基金会等通过委托方式或者对申请报告的筛选来分配,用于解决特定的科学和技术问题。科学技术是第一生产力,科研经费总额反映了高校对科研的重视程度
		科研财政拨款和科研自筹经费比例	财政科研拨款,即高等学校从本级财政部门取得的各类财政科研拨款。科研自筹经费是指高校取得的非同级财政收入、投资收益、捐赠收入、租金收入等一系列高校自筹收入。自筹收入占比越高,说明高校自身获取经费能力越强,高校自己能够获取经费的能力越强,越有利于高校的"双一流"建设,为教学科研提供经济基础。同时,更多的资金获取渠道能反映高校履行公共行政职责的能力,更能吸引社会多渠道资金收入
		科研人员平均年收入	即科研工作者的平均年收入。收入包括基本工资、津贴、绩效工资、科研经费等
		科研支出占总支出比	该指标反映科研活动中发生的材料费、加工测试费、业务委托费、出版/印刷费、燃料费等指标所占比例,包括从事基础研究和近期无法取得实用价值的应用基础研究机构的支出和国家重点实验室、部门开放实验室等的支出。该数值越大,说明高校的科研事业发展的劲头越好,科研经费也会随之越来越多;其计算公式为:科研经费支出比率=科研经费总额/总支出

7.2.2 成果产出评价指标体系设计

对于高校来说,预算资源在科学研究方面的投入,对应的成果产出主要集中在科研成果上,高校科学研究活动开展目标应和高校主要战略规划相吻合。本书将主要从科研成果方面,建立高校科学研究方向成果产出评价指标体系。

在学科群一流以上刊物发表高水平学术论文数和有重大影响力的专著数量。科学研究成果指科研人员在其所从事的某一科学技术研究项目或课题研究范围内,通过实验观察、调查研究、综合分析等一系列脑力、体力劳动所取得的,并经过评审或鉴定,确认具有学术意义和实用价值的创造性结果。论文和专著是科学研究成果的重要表现形式。

主持国家重大研发计划或国家科技重大专项数、基金委重大项目数,指本高校教师主持的国家重大研发计划或国家科技重大专项、基金委重大项目的数量。数量越多,体现高校科学研究成果越多,科研实力越强。

获得国内外重要学术奖励奖项、在学术组织中担任重要职务、在顶尖国际学术刊物中担任主编、副主编或编委等情况,指高校教师或课题组获得国内外重要学术奖励的奖项情况、在校内外学术组织中职务担任情况、在顶尖国际学术刊物中担任主编、副主编或编委等情况。

服务国家"急难险重"事件发挥的作用和贡献情况。科研服务于国家建设与发展。习近平总书记在中央党校(国家行政学院)中青年干部培训班开班式上的重要讲话中强调,年轻干部要提高应急处突能力。这是年轻干部成长进步的必然要求,也是各级党员干部应对当前复杂形势、完成艰巨任务的迫切需要。党员干部只有增强风险意识,努力在急难险重任务中锤炼过硬本领,才能下好先手棋、打好主动仗,有效防范和化解各种风险挑战。

发明专利数量。发明专利是知识产权的一种,涵盖范围面广,包括产品发明和方法发明两种类型。产品发明是指创造出包含新技术方案的物品。例如,对机器、设备、工具、用品等物品进行改进而做出的发明创造。方法发明是指利用规律使用、制造或测试产品的新的步骤和手段。例如,适用于某种物品的加工方法、测试方法、制造工艺等。

表7-2显示了科学研究方向成果产出评价指标,包含一个二级指标和五个三级指标。

表7-2 科学研究方向成果产出评价指标体系

一级指标	二级指标	三级指标	说明
科学研究方向成果产出	科研成果	在学科群一流以上刊物发表高水平学术论文数和有重大影响力的专著数量	科学研究成果指科研人员在其所从事的某一科学技术研究项目或课题研究范围内,通过实验观察、调查研究、综合分析等一系列脑力、体力劳动所取得的,并经过评审或鉴定,确认具有学术意义和实用价值的创造性结果。论文和专著是科学研究成果的重要表现形式
		主持国家重大研发计划或国家科技重大专项数、基金委重大项目数	指本高校教师主持的国家重大研发计划或国家科技重大专项、基金委重大项目的数量。数量越多,体现高校科学研究成果越多,科研实力越强
		获得国内外重要学术奖励奖项,在学术组织中担任重要职务,在顶尖国际学术刊物中担任主编、副主编或编委等情况	指高校教师或课题组获得国内外重要学术奖励的奖项情况、在校内外学术组织中职务担任情况、在顶尖国际学术刊物中担任主编、副主编或编委等情况
		服务国家"急难险重"事件发挥的作用和贡献情况	科研服务于国家建设与发展。习近平总书记在中央党校(国家行政学院)中青年干部培训班开班式上的重要讲话中强调,年轻干部要提高应急处突能力。这是年轻干部成长进步的必然要求,也是各级党员干部应对当前复杂形势、完成艰巨任务的迫切需要。党员干部只有增强风险意识,努力在急难险重任务中锤炼过硬本领,才能下好先手棋、打好主动仗,有效防范和化解各种风险挑战
		发明专利数量	发明专利是知识产权的一种,涵盖范围面广,包括产品发明和方法发明两种类型。产品发明是指创造出包含新技术方案的物品。例如,对机器、设备、工具、用品等物品进行改进而做出的发明创造。方法发明是指利用规律使用、制造或测试产品的新的步骤和手段。例如,适用于某种物品的加工方法、测试方法、制造工艺等

7.3 基于科学研究方向的高校全面预算绩效指标评价问卷示例

您好,请您根据自身理解,完成以下问卷填写。请您对每个评价指标进行评价,选择合适的评价等级。感谢您在百忙之中抽出时间回答我们的调查问卷,谢谢您的合作!

表 7-3 科学研究方向高校全面预算绩效指标评价问卷示例

序号	评价指标	评价等级				
		优秀	良好	中等	较差	很差
1	两院院士人数					
2	长江、杰青等高层次人才数量					
3	具有高级职称科研人员数量					
4	进行重大科研创新团队数量					
5	国家重点实验室数量					
6	博士后流动站数量					
7	科研实验场所面积					
8	产学研联合实验室数量					
9	科研经费总额					
10	科研财政拨款和科研自筹经费比例					
11	科研人员平均年收入					
12	科研支出占总支出比					
13	在学科群一流以上刊物发表高水平学术论文数和有重大影响力的专著数量					
14	主持国家重大研发计划或国家科技重大专项数、基金委重大项目数					

序号	评价指标	评价等级				
		优秀	良好	中等	较差	很差
15	获得国内外重要学术奖励奖项,在学术组织中担任重要职务,在顶尖国际学术刊物中担任主编、副主编或编委等情况					
16	服务国家"急难险重"事件发挥的作用和贡献情况					
17	发明专利数量					

第8章 全面预算绩效管理 "高校模式"研究之 社会服务方向

8.1 基于社会服务方向的高校全面预算 绩效分析

高校作为社会角色,其重要的社会功能之一就是社会服务工作。高校的社会服务工作不仅包括努力培养适应经济社会和国家发展需要的大量专业性人才和创新型人才,为学生提供高质量的教学服务,为国家和社会输送人才;从事科学研究工作,为国家解决卡脖子科研问题,在科研发展上勇攀高峰,致力于国家综合实力的不断增强;还包括有偿或无偿,直接或间接地提供社会服务,在政治、经济、文化、教育、科技发展、维护社会稳定等各个方面进行输出,不断提供社会咨询、技术创新、创新创业实践、社会人力资源培训等各种服务。作为国家战略科技力量的重要组成部分,高校在促进科技成果转化和产业化,服务国家和区域战略需求过程中发挥着主力军的作用。党的二十大报告指出,要加强企业主导的产学研深度融合,强化目标导向,提高科技成果转化和产业化水平。强化企业科技创新主体地位,发挥科技型骨干企业引领支撑作用,营造有利于科技型中小微企业成长的良好环境，推动创新链产业链资金链人才链深度融合。

在高等教育国际化的时代，高校的功能和承担的社会角色以人才培养和科学研究为核心不断进行外延，承担的社会功能更加充分，提供的社会服务更加完善，扮演的社会角色更加丰富。因此，为国家和社会提供社会服务，是新时代高校办学的重要任务，历史赋予高校更加重要的使命，创办高校的意义将不断提升。

8.2　基于社会服务方向的高校全面预算绩效评价指标构建

8.2.1　资源投入评价指标体系设计

高校在社会服务方面，对服务资源投入的形式具备多元化和特殊性，包括社会服务导师及团队投入、社会服务经费支持、社会服务平台支撑等各个方面，尤其是在百年变局与世纪疫情相互交织的大背景下，在国内外形势错综复杂且面临严峻挑战的前提下，高校保障提供的社会服务质量，全面保证社会服务正常开展，攻坚克难，不断提升社会服务水平，是高校开展社会服务活动的重要基础。本书将从人力资源投入、平台建设情况、经费投入三个方面，建立高校社会服务预算资源投入评价指标体系。

社会服务评价突出贡献和引领，综合考察建设高校技术转移与成果转化的情况、服务国家重大战略和行业产业发展以及区域发展需求、围绕国民经济社会发展加强重点领域学科专业建设和急需人才培养、特色高端智库体系建设情况、成果转化效益以及参与国内外重要标准制定等方面的成效。

（1）人力资源投入

参与社会服务人数，指高校投入社会服务中的人员数量。

线上培训指导人数，指为社会人力资源提供线上培训指导的教师数量。

指导社会服务导师数量。指导高校技术转移与成果转化的导师数量。数量越多，表明高校对社会服务的人力投入越高。

在社会各类单位实践人数，指在国家公务单位、各类企事业单位等进行实践的高校人员数量。

（2）平台建设情况

校企合作实践基地数量，指每一年度高校与企事业单位联合建立的社会实践基地数量。[①]

社会服务创新创业项目数量，指与高校技术转移与成果转化相关的创新创业项目数量。数量越多，表明高校对社会服务平台建设的投入越高

社会服务实践基地数量，指与高校技术转移与成果转化相关的实践基地数量。数量越多，表明高校对社会服务平台建设的投入越高。

社会服务场所面积，指与高校技术转移与成果转化相关的场所面积。面积越大，表明高校对社会服务平台建设的投入越高。

（3）经费投入

社会服务专项基金金额，指高校用于开展社会服务的基金总额，比如创新基金、文科社会实践调研基金金额等。

---

① 文小才.双一流高校预算管理绩效评价指标设计研究——以河南省为例[J].河南财政税务高等专科学校学报,2020,34(1):1-8.

奖助学金金额,指学校投入至社会服务发展方向的奖助学金金额。

产学研财政补贴。产学研合作是高校、企业和科研院所之间的合作,高校和科研院所以为企业培养应用型人才、提供技术服务为主,来满足企业的人才和技术需求。产学研合作模式是高校服务社会经济发展、提升服务效能的重要表现形式,是联系高校、科研机构与企业的关键纽带。产学研财政补贴主要是指拨款以外的因特殊情况或为鼓励相关行为给予的补贴,有助于促进高校科研成果转化、提升社会服务效能。[①]

产学研经费拨款,指国家及政府下拨的用于促进高校、企业和科研院所之间合作、成果转化的经费。

表8-1显示了社会服务方向资源投入评价指标,包含三个二级指标和十二个三级指标。

表8-1 社会服务方向资源投入评价指标体系

一级指标	二级指标	三级指标	说明
社会服务方向资源投入	人力资源投入	参与社会服务人数	指高校投入社会服务中的人员数量
		线上培训指导人数	指为社会人力资源提供线上培训指导的教师数量
		指导社会服务导师数量	指导高校技术转移与成果转化的导师数量。数量越多,表明高校对社会服务的人力投入越高
		在社会各类单位实践人数	指在国家公务单位、各类企事业单位等进行实践的高校人员数量
	平台建设情况	校企合作实践基地数量	指每一年度高校与企事业单位联合建立的社会实践基地数量
		社会服务创新创业项目数量	指与高校技术转移与成果转化相关的创新创业项目数量。数量越多,表明高校对社会服务平台建设的投入越高

---

① 刘帅,黄美化,薛凯喜,等.产学研合作模式下高校服务社会效能提升对策研究[J].高教学刊,2022,8(1):58-61.

一级指标	二级指标	三级指标	说明
社会服务方向资源投入		社会服务实践基地数量	指与高校技术转移与成果转化相关的实践基地数量。数量越多,表明高校对社会服务平台建设的投入越高
		社会服务场所面积	指与高校技术转移与成果转化相关的场所面积。面积越大,表明高校对社会服务平台建设的投入越高
	经费投入	社会服务专项基金金额	指高校用于开展社会服务的基金总额,比如创新基金、文科社会实践调研基金金额等
		奖助学金金额	指学校投入至社会服务发展方向的奖助学金金额
		产学研财政补贴	产学研合作是高校、企业和科研院所之间的合作,高校和科研院所以为企业培养应用型人才、提供技术服务为主,来满足企业的人才和技术需求。产学研合作模式是高校服务社会经济发展、提升服务效能的重要表现形式,是联系高校、科研机构与企业的关键纽带。产学研财政补贴主要是指拨款以外的因特殊情况或为鼓励相关行为给予的补贴,有助于促进高校科研成果转化、提升社会服务效能
		产学研经费拨款	指国家及政府下拨的用于促进高校、企业和科研院所之间合作、成果转化的经费

8.2.2　成果产出评价指标体系设计

对于高校来说,预算资源在社会服务方面的投入,对应的成果产出主要集中在完成社会服务目标上,社会服务活动开展目标应和高校主要战略规划相吻合。本书将主要从社会服务目标完成度方面,建立高校社会服务方向成果产出评价指标体系。

产学研项目成果数,指高校、企业和科研院所合作项目的成果情况,如发明专利的数量。产学研项目成果数越多,表明高校社会服务方向产出越高。

社会各界对服务满意度。社会服务是高校功能之一,其社会服务对象广泛,如科研院所、企业、社会公众等,社会各界对高校服务的满意度直接反映了高校社会服务方向的目标完成度。

在各单位实践人员绩效。这是指经过社会服务方向的培养投入,在社会各单位进行实践人员的工作绩效或成果。

实践与服务平台产出。实践和服务平台产出侧重于社会实践应用成果。

开展各类社会活动数量,指经过对此方向的经费投入,进入社会开展活动,服务于产出的数量。

表8-2显示了社会服务方向成果产出评价指标,包含一个二级指标和五个三级指标。

表8-2　社会服务方向成果产出评价指标体系

一级指标	二级指标	三级指标	说明
社会服务方向成果产出	服务目标完成度	产学研项目成果数	指高校、企业和科研院所合作项目的成果情况,如发明专利的数量。产学研项目成果数越多,表明高校社会服务方向产出越高
		社会各界对服务满意度	社会服务是高校功能之一,其社会服务对象广泛,如科研院所、企业、社会公众等,社会各界对高校服务的满意度直接反映了高校社会服务方向的目标完成度
		在各单位实践人员绩效	指经过社会服务方向的培养投入,在社会各单位进行实践人员的工作绩效或成果
		实践与服务平台产出	实践和服务平台产出侧重于社会实践应用成果
		开展各类社会活动数量	指经过对此方向的经费投入,进入社会开展活动,服务于产出的数量

8.3　基于社会服务方向的高校全面预算绩效指标评价问卷示例

您好,请您根据自身理解,完成以下问卷填写。请您对每个评价指标进行评价,选择合适的评价等级。感谢您在百忙之中抽出时间回答我们的调查问卷,谢谢您的合作!

表 8 - 3　社会服务方向高校全面预算绩效指标评价问卷示例

序号	评价指标	评价等级				
		优秀	良好	中等	较差	很差
1	参与社会服务人数					
2	线上培训指导人数					
3	指导社会服务导师数量					
4	在社会各类单位实践人数					
5	校企合作实践基地数量					
6	社会服务创新创业项目数量					
7	社会服务实践基地数量					
8	社会服务场所面积					
9	社会服务专项基金金额					
10	奖助学金金额					
11	产学研财政补贴					
12	产学研经费拨款					
13	产学研项目成果数					
14	社会各界对服务满意度					
15	在各单位实践人员绩效					
16	实践与服务平台产出					
17	开展各类社会活动数量					

第 9 章　全面预算绩效管理 "高校模式"研究之 文化传承与创新方向

9.1　基于文化传承与创新方向的高校全面 预算绩效分析

文化是一种社会现象,是人们长期创造形成的产物,同时又是一种历史现象。传统文化是中华民族聚居民族文化中不可分割的一部分,是深刻影响了中华民族历史发展的重要文化遗产。在全面建设社会主义现代化国家的进程中,必须坚持中国特色社会主义文化发展道路,增强文化自信,满足人民日益增长的精神文化需求,巩固全党全国各族人民团结奋斗的共同思想基础,不断提升国家文化软实力和中华文化影响力。

高校的文化传承与创新工作,是指高校对一个国家、民族文化的继承、吸收、创新、发展功能。学校对一个民族文化的传承和发展起到至关重要的作用,在文化承载物品的收集保存、整理展示、完善修复、传承传播、创造发扬等各个方面都承担了无可替代的作用。高校面向的群体是时代的继承人,是国家的青年群体,让一个国家和民族的新生力量吸收最优秀的民族文化,对一个民族的向心力、凝聚力,弘扬爱国主义精神,具有不可替代的作用。高校努力培养适应经济社会和国家发展需要的大量专业性人才和创新型人才，为学生提供高质量的教学服务，顺应管理育人的教育理念，做好"三全育人"重点工作，尤其在高等教育国际化的时代，通过培养优质人才为国家的发展和未来提供保障。因此，高校的文化传承和创新职能与高校人才培养、科学研究等其他职能相辅相成，共同促进高校快速发展，是高校办学的重要目标和任务，脱离这个目标，高校的历史责任将难以顺利完成，国家历史文化传承和创新的延续和发展将难以顺利实现。

9.2　基于文化传承与创新方向的高校全面预算绩效评价指标分析

9.2.1　资源投入评价指标体系设计

高校在文化传承与创新方面，对文化发展资源投入的形式具备多元化和特殊性，包括文化传承与创新的人力资源、文化传承与创新经费供给、文化发展与交流平台等各个方面，尤其是在百年变局与世纪疫情相互交织的大背景下，在国内外形势错综复杂且面临严峻挑战的前提下，高校保障文化发展质量，全面保证文化传承与创新工作正常开展，攻坚克难，不断提升文化发展水平，是高校开展所有文化传承活动的重要前提和基础。本书将从人力资源投入、平台建设情况、经费投入三个方面，建立高校文化传承与创新预算资源投入评价指标体系。

文化传承创新评价突出传承与创新中国特色社会主义先进文化，综合考察建设高校传承严谨学风和科学精神、中华优秀传统文化和红色文化，弘扬社会主义核心价值观的理论建设和社会实践创新，塑造大学精神及校园文化建设的举措和成效以及校园文化建设引领社会文化发展的贡献度。

（1）人力资源投入

文化传承与创新发展团队数。参与文化传承与创新发展方面的团队数量。

文化传承与创新发展人员数。参与文化传承与创新发展方面的人员数量，包括教师、学生、管理人员等。

文化传承与创新发展导师数。为文化传承与创新发展提供指导的高校教师数量。

国内外外聘指导专家数，指从本高校外聘用的文化传承与创新发展方向的指导专家数量，如研究中国特色社会主义先进文化、中华优秀传统文化和红色文化、社会主义核心价值观、大学精神及校园文化建设相关的指导专家。

（2）平台建设情况

文化传承与创新发展平台，指服务于文化传承与创新发展的各大平台，包括线上和线下平台。

重点文化发展研究基地。文化产业研究基地，其任务是以马列主义、毛泽东思想、邓小平理论、"三个代表"的重要思想和科学发展观为指导，就我国文化产业政策、文化产业理论、文化产业发展战略，以及国家文化产业创新体系建设、国家文化安全等建设中国特色社会主义文化产业体系所涉及的广泛问题，开展全面、多层次、跨学科的研究，在为政府文化政策决策提供咨询和理论支持的同时，培养高层次、高学历、高素质的文化产业战略管理和科学研究人才。

产学研联合实验室等。产学研合作是高校、企业和科研院所之间的合作,高校和科研院所以为企业培养应用型人才、提供技术服务为主,来满足企业的人才和技术需求。产学研合作模式是高校服务社会经济发展、提升服务效能的重要表现形式,是联系高校、科研机构与企业的关键纽带。[①] 在文化传承与创新评价方向,该指标为与中国特色社会主义先进文化、中华优秀传统文化和红色文化、社会主义核心价值观、大学精神及校园文化建设相关的实验室数量。

政企校联合研究平台等。政企校联合研究平台是指政府、企业和高校之间的合作研究平台。在文化传承与创新评价方向,该指标为与中国特色社会主义先进文化、中华优秀传统文化和红色文化、社会主义核心价值观、大学精神及校园文化建设相关的研究平台数量。

(3)经费投入

文化传承与创新发展总经费,指用于文化传承与创新发展的经费总额,包括财政拨款、自筹经费等。

文化传承与创新自筹经费。文化传承与创新自筹经费是指高校取得的非同级财政收入、投资收益、捐赠收入、租金收入等一系列与文化传承与创新相关的高校自筹收入。自筹经费越多,说明高校自身获取经费能力越强,越有利于高校的"双一流"建设,为文化传承与创新提供经济基础。同时,更多的资金获取渠道能反映高校履行公共行政职责的能力,更能吸引社会多渠道资金收入。[②]

文化发展指导教师年收入,指文化传承与创新发展方向指导教师的年收入。收入包括基本工资、津贴、绩效工资、文化传承与创新类项目经费,如高雅艺术进校园及艺术传承基地项目等。

文化传承与创新支出占总支出比。该指标反映文化传承与创新活动

---

① 刘帅,黄美化,薛凯喜,等.产学研合作模式下高校服务社会效能提升对策研究[J]. 高教学刊,2022,8(1):58-61.

② 陆芊芊."双一流"建设背景下的高校财务绩效综合评价研究[D].常州大学,2022.

中发生的材料费、调研费等指标所占比例。该数值越大,说明高校的文化传承与创新事业发展的劲头越好,文化传承与创新经费也会随之越来越多;其计算公式为:文化传承与创新支出占比＝文化传承与创新支出/总支出。

表9-1显示了文化传承与创新方向资源投入评价指标,包含三个二级指标和十二个三级指标。

表9-1　文化传承与创新方向资源投入评价指标体系

一级指标	二级指标	三级指标	说明
文化传承与创新方向资源投入	人力资源投入	文化传承与创新发展团队数	指参与文化传承与创新发展方面的团队数量
		文化传承与创新发展人员数	参与文化传承与创新发展方面的人员数量,包括教师、学生、管理人员等
		文化传承与创新发展导师数	为文化传承与创新发展提供指导的高校教师数量
		国内外外聘指导专家数	指从本高校外聘用的文化传承与创新发展方向的指导专家数量,如研究中国特色社会主义先进文化、中华优秀传统文化和红色文化、社会主义核心价值观、大学精神及校园文化建设相关的指导专家
	平台建设情况	文化传承与创新发展平台	指服务于文化传承与创新发展的各大平台,包括线上和线下平台
		重点文化发展研究基地	文化产业研究基地,其任务是以马列主义、毛泽东思想、邓小平理论、"三个代表"的重要思想和科学发展观为指导,就我国文化产业政策、文化产业理论、文化产业发展战略,以及国家文化产业创新体系建设、国家文化安全等建设中国特色社会主义文化产业体系所涉及的广泛问题,开展全面、多层次、跨学科的研究,在为政府文化政策决策提供咨询和理论支持的同时,培养高层次、高学历、高素质的文化产业战略管理和科学研究人才

一级指标	二级指标	三级指标	说明
文化传承与创新方向资源投入	平台建设情况	产学研联合实验室等	产学研合作是高校、企业和科研院所之间的合作,高校和科研院所以为企业培养应用型人才、提供技术服务为主,来满足企业的人才和技术需求。产学研合作模式是高校服务社会经济发展、提升服务效能的重要表现形式,是联系高校、科研机构与企业的关键纽带。在文化传承与创新评价方向,该指标为与中国特色社会主义先进文化、中华优秀传统文化和红色文化、社会主义核心价值观、大学精神及校园文化建设相关的实验室数量
		政企校联合研究平台等	政企校联合研究平台是指政府、企业和高校之间的合作研究平台。在文化传承与创新评价方向,该指标为与中国特色社会主义先进文化、中华优秀传统文化和红色文化、社会主义核心价值观、大学精神及校园文化建设相关的研究平台数量
	经费投入	文化传承与创新发展总经费	指用于文化传承与创新发展的经费总额,包括财政拨款、自筹经费等
		文化传承与创新自筹经费	文化传承与创新自筹经费是指高校取得的非同级财政收入、投资收益、捐赠收入、租金收入等一系列与文化传承与创新相关的高校自筹收入。自筹经费越多,说明高校自身获取经费能力越强,越有利于高校的"双一流"建设,为文化传承与创新提供经济基础。同时,更多的资金获取渠道能反映高校履行公共行政职责的能力,更能吸引社会多渠道资金收入
		文化发展指导教师年收入	指文化传承与创新发展方向指导教师的年收入。收入包括基本工资、津贴、绩效工资、文化传承与创新类项目经费,如高雅艺术进校园及艺术传承基地项目等
		文化传承与创新支出占总支出比	该指标反映文化传承与创新活动中发生的材料费、调研费等指标所占比例。该数值越大,说明高校的文化传承与创新事业发展的劲头越好,文化传承与创新经费也会随之越来越多;其计算公式为:文化传承与创新支出占比＝文化传承与创新支出/总支出

9.2.2　成果产出评价指标体系设计

对于高校来说,预算资源在文化传承与创新方面的投入,对应的成果产出主要集中在文化发展目标完成上,文化发展活动开展目标应和高校主要战略规划相吻合。本书将主要从文化发展目标完成度方面,建立高校文化传承与创新方向成果产出评价指标体系。

培养拔尖创新人才、支持重要创新项目、重要创新团队数量情况,指在文化传承与创新方向,高校培养的拔尖创新人才数量、重要创新团队数量以及对重要创新项目的支持情况。

人文社科、自然科学等发表论文数,指高校教师在人文社科、自然科学类等期刊上发表的论文数量。

师生参加全国性创新创业等大赛获奖情况。师生参加全国性创新创业等大赛获奖情况是高校文化传承与创新产出的表现形式之一。在文化传承与创新领域,全国性创新创业大赛包括中国大学生文化创意设计大赛等。

文化传承与创新平台研究成果转化情况。此指标主要是指构建文化传承与创新成果应用的载体情况,如构建实践平台、建立校园文化符号、培育高校文化品牌、弘扬高校文化精神等,通过载体促进研究成果转化。

出版相关专著数量,指高校教师或课题团队出版与中国特色社会主义先进文化、中华优秀传统文化和红色文化、社会主义核心价值观、大学精神及校园文化建设相关的专著数量。

表9-2显示了文化传承与创新方向成果产出评价指标,包含一个二级指标和五个三级指标。

表9-2 文化传承与创新方向成果产出评价指标体系

一级指标	二级指标	三级指标	说明
文化传承与创新方向成果产出	文化发展目标完成度	培养拔尖创新人才、支持重要创新项目、重要创新团队数量情况	指在文化传承与创新方向,高校培养的拔尖创新人才数量、重要创新团队数量以及对重要创新项目的支持情况
		人文社科、自然科学等发表论文数	指高校教师在人文社科、自然科学类等期刊上发表的论文数量
		师生参加全国性创新创业等大赛获奖情况	师生参加全国性创新创业等大赛获奖情况是高校文化传承与创新产出的表现形式之一。在文化传承与创新领域,全国性创新创业大赛包括中国大学生文化创意设计大赛等
		文化传承与创新平台研究成果转化情况	此指标主要是指构建文化传承与创新成果应用的载体情况,如构建实践平台、建立校园文化符号、培育高校文化品牌、弘扬高校文化精神等,通过载体促进研究成果转化
		出版相关专著数量	指高校教师或课题团队出版与中国特色社会主义先进文化、中华优秀传统文化和红色文化、社会主义核心价值观、大学精神及校园文化建设相关的专著数量

9.3　基于文化传承与创新方向的高校全面预算绩效指标评价问卷示例

　　您好,请您根据自身理解,完成以下问卷填写。请您对每个评价指标进行评价,选择合适的评价等级。感谢您在百忙之中抽出时间回答我们的调查问卷,谢谢您的合作!

表9-3 文化传承与创新方向高校全面预算绩效指标评价问卷示例

序号	评价指标	评价等级				
		优秀	良好	中等	较差	很差
1	文化传承与创新发展团队数					
2	文化传承与创新发展人员数					
3	文化传承与创新发展导师数					
4	国内外外聘指导专家数					
5	文化传承与创新发展平台					
6	重点文化发展研究基地					
7	产学研联合实验室等					
8	政企校联合研究平台等					
9	文化传承与创新发展总经费					
10	文化传承与创新自筹经费					
11	文化发展指导教师年收入					
12	文化传承与创新支出占总支出比					
13	培养拔尖创新人才、支持重要创新项目、重要创新团队数量情况					
14	人文社科、自然科学等发表论文数					
15	师生参加全国性创新创业等大赛获奖情况					
16	文化传承与创新平台研究成果转化情况					
17	出版相关专著数量					

第 10 章　全面预算绩效管理 "高校模式"研究之 国际交流合作方向

10.1　基于国际交流合作方向的高校全面 预算绩效分析

随着经济全球化程度越来越高,信息传播速度越来越快,人才竞争、科技竞争、经济竞争等愈加激烈,培养具有国际化意识和胸怀、国际一流的知识结构储备、视野和能力达到国际化水准、在全球化竞争中善于把握机遇和争取主动的高层次人才对于高校发展、社会繁荣、国家富强具有重要意义。因此,高等教育国际化发展是国内高校注重提升高校发展国际性、加强中外师生交流、不断提升学校国际化发展水平的重要目标。

高校培养出的学生不仅要面向国内,更要走向国际社会;不仅要拥有处理基本事务的能力,更要有站在更广阔视角处理复杂事务的视野和水平;不仅要关注国内发展,更要有关注国际社会关系和发展的意识。高校不断推动高等教育国际化水平提高,不断开放校门,加强国内外师生交流,推进师生共同参与项目研究与合作,推动联合培养学生,建立信息共享机制,高校国际化发展水平的提高是国家经济、社会、科学技术等发展的必然趋势,也是为国家和社会培养综合性、创新性、专业性的人才避不开的一个重要环节,是高校办学的重要目标和任务。高等教育国际化这个目标,可以促进高校培养出具有国际视野的学生,提升学生在全球化大背景下的各方面能力,利用优势资源,加强合作,促进本国教育更加完善,推动高校完成历史使命,为国家发展提供更优质人才保障。

10.2　基于国际交流合作方向的高校全面预算绩效评价指标分析

10.2.1　资源投入评价指标体系设计

高校在国际化发展方面,对国际化发展资源投入的形式具备多元化和特殊性,包括国际化师资力量、国际化经费支撑、国际化平台发展等各个方面,尤其是在百年变局与世纪疫情相互交织的大背景下,在国内外形势错综复杂且面临严峻挑战的前提下,高校保障人才培养质量,全面保证国际交流合作工作正常开展,攻坚克难,不断提升国际化发展水平,是高校开展所有活动的前提和基础。本书将从国际化师资力量、国际化平台发展、国际化经费支撑三个方面,建立高校国际交流合作预算资源投入评价指标体系。

国际交流合作评价突出实效与影响,综合考察建设高校统筹国内国外两种资源,提升人才培养和科学研究的水平以及服务国家对外开放的能力,加强多渠道国际交流合作,持续增强国际影响力的成效。

（1）国际化师资投入

具有国际化就读背景的教师人数。国际化就读背景,指教师本、硕、博任一阶段在国际化高校就读。

具有国际化任职背景的教师人数。国际化任职背景,指教师具有国际化高校任职经历。

引进国际化高水平海外人才人数,指在国内外具有较高科学研究水平的海外人才数量。

具有国际化背景教师给本科生上课比例,指具有国际化就读背景或国际化任职背景的承担本科生教学任务的教师数量,与具有国际化就读背景或国际化任职背景的教师总量之比。

（2）国际化平台投入

国际化教学科研用房面积,指用于国际化教育教学的教室、研讨室等空间的面积。参考教育部 2018 年组织编制的《普通高等学校建筑面积指标》,教学用房包括一般教室(小教室、中教室、合班教室、阶梯教室)、制图教室、艺术教室等。课堂是传道授业解惑的主要场所,教学用房面积体现了高等院校对于课程安排的重视程度。

国际化办公用房面积,指服务于国际交流与合作的行政办公用房面积。

国际化生活用房面积,指服务于国际交流与合作的生活用房面积。生活用房为除了教学、图书馆和科研实验场所之外的生活空间,比如室内体育馆、室外操场、大学生活动中心、礼堂、宿舍、餐厅、医务室等,包含广泛,是师生生活水平的重要保障。

中外合作办学项目数量。中外合作办学项目是指外国教育机构与中国教育机构在中国境内合作举办以中国公民为主要招生对象的教育机构的活动。[①] 中外合作办学项目数量越多,表明高校对于国际化平台建设

---

① 中华人民共和国中外合作办学条例、中华人民共和国国务院令第 709 号。

的投入越高。

（3）国际化经费投入

国际化方向经费拨款，指国家拨给高校用于国际交流与合作活动的经费。

留学生生均教育投入，指每位在校留学生享有的教育资金，计算公式为：高等院校教育资金投入/在校留学生人数。该指标越高，表明高等院校对每位在校留学生的投资越高。

国际化引进教师平均年收入，指引进的具有国际化背景的教师平均年收入。收入包括基本工资、津贴、绩效工资、科研经费等。

国际化支出占总支出比。该指标反映国际交流合作活动中发生的材料费、调研费、会议费等指标所占比例。该数值越大，说明高校的国际交流合作事业发展的劲头越好，国际交流合作经费也会随之越来越多；其计算公式为：国际化支出占总支出比＝国际交流合作支出/总支出。

表 10－1 显示了国际交流合作方向资源投入评价指标，包含三个二级指标和十二个三级指标。

表 10－1　国际交流合作方向资源投入评价指标体系

一级指标	二级指标	三级指标	说明
国际交流合作方向资源投入	国际化师资投入	具有国际化就读背景的教师人数	国际化就读背景，指教师本、硕、博任一阶段在国际化高校就读
		具有国际化任职背景的教师人数	国际化任职背景，指教师具有国际化高校任职经历
		引进国际化高水平海外人才人数	指在国内外具有较高科学研究水平的海外人才数量
		具有国际化背景教师给本科生上课比例	指具有国际化就读背景或国际化任职背景的承担本科生教学任务的教师数量，与具有国际化就读背景或国际化任职背景的教师总量之比

一级指标	二级指标	三级指标	说明
国际交流合作方向资源投入	国际化平台投入	国际化教学科研用房面积	指用于国际化教育教学的教室、研讨室等空间的面积。参考教育部 2018 年组织编制的《普通高等学校建筑面积指标》,教学用房包括一般教室(小教室、中教室、合班教室、阶梯教室)、制图教室、艺术教室等。课堂是传道授业解惑的主要场所,教学用房面积体现了高等院校对于课程安排的重视程度
		国际化办公用房面积	指服务于国际交流与合作的行政办公用房面积
		国际化生活用房面积	指服务于国际交流与合作的生活用房面积。生活用房为除了教学、图书馆和科研实验场所之外的生活空间,比如室内体育馆、室外操场、大学生活动中心、礼堂、宿舍、餐厅、医务室等,包含广泛,是师生生活水平的重要保障
		中外合作办学项目数量	中外合作办学项目是指外国教育机构与中国教育机构在中国境内合作开展的以中国公民为主要招生对象的教育机构的活动。中外合作办学项目数量越多,表明高校对于国际化平台建设的投入越高
	国际化经费投入	国际化方向经费拨款	指国家拨给高校用于国际交流与合作活动的经费
		留学生生均教育投入	指每位在校留学生享有的教育资金,计算公式为:高等院校教育资金投入/在校留学生人数。该指标越高,表明高等院校对每位在校留学生的投资越高
		国际化引进教师平均年收入	指引进的具有国际化背景的教师平均年收入。收入包括基本工资、津贴、绩效工资、科研经费等
		国际化支出占总支出比	该指标反映国际交流合作活动中发生的材料费、调研费、会议费等指标所占比例。该数值越大,说明高校的国际交流合作事业发展的劲头越好,国际交流合作经费也会随之越来越多;其计算公式为:国际化支出占总支出比＝国际交流合作支出/总支出

10.2.2　成果产出评价指标体系设计

对于高校来说,预算资源在国际化发展方面的投入,对应的成果产出主要集中在国际化目标完成上,国际化发展活动开展目标应和高校主要战略规划相吻合。本书将主要从国际化目标完成度方面,建立高校国际化方向成果产出评价指标体系。

国际及中国台港澳重要交流活动、与"一带一路"国家交流合作情况,指高校举办或参与的与国际高校、中国台港澳高校、"一带一路"国家及高校的各项活动数量及开展情况。交流合作越频繁,高校国际化目标完成度越高,越有利于双一流高校建设。

国际学术会议、工作坊举办情况。国际学术会议、工作坊指具有外国专家参与的各类学科会议、活动。举办数量越多、频次越高,表明高校国际交流合作越频繁,国际化目标完成度越高。

来华留学品牌课程数量。来华留学生培养质量越高,高校国际化目标完成度就越高。来华留学生培养质量很大程度上依赖于高质量的课程体系。双一流高校应持续加强专业课程、与中国有关的课程、以理解中国为核心理念的系列英文课程建设,牢牢把稳以知识讲授为主的留学生"第一课程"的质量与方向。将品牌课程通过网络传递给全球高校,吸引更多学生增强对中国的理解与认同。

留学生规模及发展情况。从对标国际顶尖高校和中国特色大国外交全局,以及构建人类命运共同体高度出发,吸引并教育更多的优秀来华留学生是双一流高校应该为国家承担的责任。留学生规模及其发展情况可以直观反映高校国际化目标完成情况。

国际声誉与影响力。国际声誉与影响力是评价国际化目标完成度的重要指标,反映学校国际化方向发展程度和国际地位。

表 10-2 显示了国际交流合作方向成果产出评价指标，包含一个二级指标，五个三级指标。

表 10-2　国际交流合作方向成果产出评价指标体系

一级指标	二级指标	三级指标	说明
国际交流合作方向成果产出	国际化目标完成度	国际及中国台港澳重要交流活动、与共建"一带一路"国家交流合作情况	指高校举办或参与的与国际高校、中国台港澳高校、"一带一路"国家及高校的各项活动数量及开展情况。交流合作越频繁，高校国际化目标完成度越高，越有利于双一流高校建设
		国际学术会议、工作坊举办情况	国际学术会议、工作坊指具有外国专家参与的各类学科会议、活动。举办数量越多、频次越高，表明高校国际交流合作越频繁，国际化目标完成度越高
		来华留学品牌课程数量	来华留学生培养质量越高，高校国际化目标完成度就越高。来华留学生培养质量很大程度上依赖于高质量的课程体系。双一流高校应持续加强专业课程、与中国有关的课程、以理解中国为核心理念的系列英文课程建设，牢牢把稳以知识讲授为主的留学生"第一课程"的质量与方向。将品牌课程通过网络传递给全球高校，吸引更多学生增强对中国的理解与认同
		留学生规模及发展情况	从对标国际顶尖高校和中国特色大国外交全局，以及构建人类命运共同体高度出发，吸引并教育更多的优秀来华留学生是双一流高校应该为国家承担的责任。留学生规模及其发展情况可以直观反映高校国际化目标完成情况
		国际声誉与影响力	国际声誉与影响力是评价国际化目标完成度的重要指标，反映学校国际化方向发展程度和国际地位

10.3 基于国际交流合作方向的高校全面预算绩效指标评价问卷示例

您好,请您根据自身理解,完成以下问卷填写。请您对每个评价指标进行评价,选择合适的评价等级。感谢您在百忙之中抽出时间回答我们的调查问卷,谢谢您的合作!

表 10-3 国际交流合作方向高校全面预算绩效指标评价问卷示例

序号	评价指标	评价等级				
		优秀	良好	中等	较差	很差
1	具有国际化就读背景的教师人数					
2	具有国际化任职背景的教师人数					
3	引进国际化高水平海外人才人数					
4	具有国际化背景教师给本科生上课比例					
5	国际化教学科研用房面积					
6	国际化办公用房面积					
7	国际化生活用房面积					
8	中外合作办学项目数量					
9	国际化方向经费拨款					
10	留学生生均教育投入					
11	国际化引进教师平均年收入					
12	国际化支出占总支出比					
13	国际及中国台港澳重要交流活动、与共建"一带一路"国家交流合作情况					
14	国际学术会议、工作坊举办情况					

序号	评价指标	评价等级				
		优秀	良好	中等	较差	很差
15	来华留学品牌课程数量					
16	留学生规模及发展情况					
17	国际声誉与影响力					

第 11 章　全面预算绩效管理"高校模式"实践探索

11.1　实践探索的基础

　　以 N 高校为例,进行财会监督背景下"双一流"高校全面预算绩效管理体系研究案例分析。根据上述章节论述的各大方向评价指标,构建评价指标体系,确定 N 高校全面预算绩效管理体系评价因素集。在此基础上,结合专家评价法和模糊综合评价法,对评价指标权重以及评价等级进行计算,经过反复分析和计算,最终确定高校预算绩效管理评价结果。具体流程如图 11 - 1 所示。

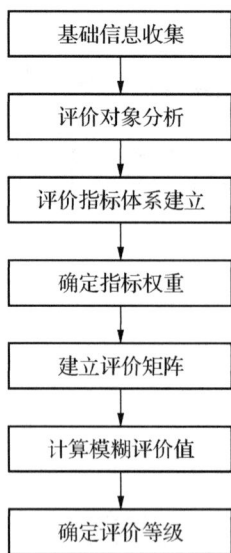

图 11-1　N 高校预算绩效管理评价流程

11.2　实践探索的主要内容

11.2.1　建立评价指标体系

对上述章节论述的各大方向评价指标进行整理汇总后,从预算绩效管理全过程和预算绩效评价五大方面构建评价指标体系,如表 11-1 所示。

表 11-1　N 高校全面预算绩效管理体系评价指标

指标编号	评价指标
R_{11}	预算编制战略性
R_{12}	预算编制及时性
R_{13}	预算编制合理性
R_{14}	预算执行及时性
R_{15}	预算调整比率
R_{16}	预算执行监控有效性
R_{17}	预算绩效工作及时性
R_{18}	预算绩效工作合理性
R_{19}	预算绩效工作有效性
R_{21}	副教授及以上教师人数
R_{22}	硕士及以上学历教师人数
R_{23}	师生比
R_{24}	正教授给本科生上课人数
R_{25}	教学用房面积
R_{26}	图书馆面积
R_{27}	科研实验场所面积
R_{28}	生活用房面积
R_{29}	教育经费拨款
R_{210}	生均教育投入
R_{211}	副教授及以上教师平均年收入
R_{212}	教学支出占总支出比
R_{213}	本科毕业率
R_{214}	硕士毕业率
R_{215}	博士毕业率
R_{216}	学校就业率
R_{217}	校友捐赠率
R_{31}	两院院士人数
R_{32}	长江、杰青等高层次人才数量
R_{33}	具有高级职称科研人员数量

指标编号	评价指标
R_{34}	进行重大科研创新团队数量
R_{35}	国家重点实验室数量
R_{36}	博士后流动站数量
R_{37}	科研实验场所面积
R_{38}	产学研联合实验室数量
R_{39}	科研经费总额
R_{310}	科研财政拨款和科研自筹经费比例
R_{311}	科研人员平均年收入
R_{312}	科研支出占总支出比
R_{313}	在学科群一流以上刊物发表高水平学术论文数和有重大影响力的专著数量
R_{314}	主持国家重大研发计划或国家科技重大专项数、基金委重大项目数
R_{315}	获得国内外重要学术奖励奖项,在学术组织中担任重要职务,在顶尖国际学术刊物中担任主编、副主编或编委等情况
R_{316}	服务国家"急难险重"事件发挥的作用和贡献情况
R_{317}	发明专利数量
R_{41}	参与社会服务人数
R_{42}	线上培训指导人数
R_{43}	指导社会服务导师数量
R_{44}	在社会各类单位实践人数
R_{45}	校企合作实践基地数量
R_{46}	社会服务创新创业项目数量
R_{47}	社会服务实践基地数量
R_{48}	社会服务场所面积
R_{49}	社会服务专项基金金额
R_{410}	奖助学金金额
R_{411}	产学研财政补贴
R_{412}	产学研经费拨款
R_{413}	产学研项目成果数

指标编号	评价指标
R_{414}	社会各界对服务满意度
R_{415}	在各单位实践人员绩效
R_{416}	实践与服务平台产出
R_{417}	开展各类社会活动数量
R_{51}	文化传承与创新发展团队数
R_{52}	文化传承与创新发展人员数
R_{53}	文化传承与创新发展导师数
R_{54}	国内外外聘指导专家数
R_{55}	文化传承与创新发展平台
R_{56}	重点文化发展研究基地
R_{57}	产学研联合实验室等
R_{58}	政企校联合研究平台等
R_{59}	文化传承与创新发展总经费
R_{510}	文化传承与创新自筹经费
R_{511}	文化发展指导教师年收入
R_{512}	文化传承与创新支出占总支出比
R_{513}	培养拔尖创新人才、支持重要创新项目、重要创新团队数量情况
R_{514}	人文社科、自然科学等发表论文数
R_{515}	师生参加全国性创新创业等大赛获奖情况
R_{516}	文化传承与创新平台研究成果转化情况
R_{517}	出版相关专著数量
R_{61}	具有国际化就读背景的教师人数
R_{62}	具有国际化任职背景的教师人数
R_{63}	引进国际化高水平海外人才人数
R_{64}	具有国际化背景教师给本科生上课比例
R_{65}	国际化教学科研用房面积
R_{66}	国际化办公用房面积
R_{67}	国际化生活用房面积

指标编号	评价指标
R_{68}	中外合作办学项目数量
R_{69}	国际化方向经费拨款
R_{610}	留学生生均教育投入
R_{611}	国际化引进教师平均年收入
R_{612}	国际化支出占总支出比
R_{613}	国际及中国台港澳重要交流活动、与共建"一带一路"国家交流合作情况
R_{614}	国际学术会议、工作坊举办情况
R_{615}	来华留学品牌课程数量
R_{616}	留学生规模及发展情况
R_{617}	国际声誉与影响力

11.2.2　确定绩效指标评价的因素集

根据表 11-1,绩效指标评价因素集为 $R = \{R_1, R_2, R_3, R_4, R_5, R_6\}$;其中,$R_1 = \{R_{11}, R_{12}, \cdots, R_{19}\}$;$R_2 = \{R_{21}, R_{22}, \cdots, R_{217}\}$;$R_3 = \{R_{31}, R_{32}, \cdots, R_{317}\}$;$R_4 = \{R_{41}, R_{42}, \cdots, R_{417}\}$;$R_5 = \{R_{51}, R_{52}, \cdots, R_{517}\}$;$R_6 = \{R_{61}, R_{62}, \cdots, R_{617}\}$;$R$ 对应指标编号。

11.2.3　确定绩效指标评价的评价集

本书建立相应的评价语集为 $p = \{r_1, r_2, r_3, r_4, r_5\}$,该评价语集中共包括优、良、中、差、很差 5 个评价等级,由该 5 个评价等级构成了评价模糊集。五个评语分别赋值 100、80、70、60、50。

11.2.4 根据评级语集进行评价

根据评价语集对 N 高校绩效关于预算管理全过程及预算绩效评价的五个方面进行评价,结合研究者的调查结果,发放问卷数量 50 份,总共收回有效问卷数量 40 份。由于绩效评价在我国仍处于发展完善阶段,且不同高校之间具有较大的个体差异性,尚未形成标准的评价体系,因此,本书采用专家评价法,邀请高校预算管理领域的专家填写问卷,以增强研究的科学性和严谨性。通过计算各个指标对应的票数,得出调查结果如表 11-2 所示。

表 11-2 N 高校全面预算绩效管理体系专家评价结果

指标编号	评价指标	评语				
		优	良	中	差	很差
R_{11}	预算编制战略性	33	6	1	0	0
R_{12}	预算编制及时性	34	5	1	0	0
R_{13}	预算编制合理性	26	7	3	4	0
R_{14}	预算执行及时性	29	4	4	3	0
R_{15}	预算调整比率	27	5	4	4	0
R_{16}	预算执行监控有效性	25	6	5	3	1
R_{17}	预算绩效工作及时性	27	5	3	5	0
R_{18}	预算绩效工作合理性	17	14	4	5	0
R_{19}	预算绩效工作有效性	23	13	2	1	1
R_{21}	副教授及以上教师人数	31	7	2	0	0
R_{22}	硕士及以上学历教师人数	37	2	1	0	0
R_{23}	师生比	29	8	3	0	0
R_{24}	正教授给本科生上课人数	14	16	7	2	1
R_{25}	教学用房面积	20	13	5	2	0
R_{26}	图书馆面积	19	14	3	4	0

指标编号	评价指标	评语				
		优	良	中	差	很差
R_{27}	科研实验场所面积	19	17	1	2	1
R_{28}	生活用房面积	27	4	4	5	0
R_{29}	教育经费拨款	17	14	4	5	0
R_{210}	生均教育投入	23	8	7	1	1
R_{211}	副教授及以上教师平均年收入	24	10	5	1	0
R_{212}	教学支出占总支出比	17	15	6	2	0
R_{213}	本科毕业率	25	12	3	0	0
R_{214}	硕士毕业率	27	11	2	0	0
R_{215}	博士毕业率	26	14	0	0	0
R_{216}	学校就业率	26	13	1	0	0
R_{217}	校友捐赠率	23	8	5	4	0
R_{31}	两院院士人数	20	13	5	2	0
R_{32}	长江、杰青等高层次人才数量	19	14	3	4	0
R_{33}	具有高级职称科研人员数量	19	17	1	2	1
R_{34}	进行重大科研创新团队数量	16	15	4	5	0
R_{35}	国家重点实验室数量	23	8	7	1	1
R_{36}	博士后流动站数量	24	10	5	1	0
R_{37}	科研实验场所面积	21	7	9	3	0
R_{38}	产学研联合实验室数量	18	15	5	2	0
R_{39}	科研经费总额	20	13	5	2	0
R_{310}	科研财政拨款和科研自筹经费比例	19	14	3	4	0
R_{311}	科研人员平均年收入	19	17	1	2	1
R_{312}	科研支出占总支出比	17	14	6	3	0
R_{313}	在学科群一流以上刊物发表高水平学术论文数和有重大影响力的专著数量	16	13	6	5	0
R_{314}	主持国家重大研发计划或国家科技重大专项数、基金委重大项目数	13	12	8	6	1

指标编号	评价指标	评语				
		优	良	中	差	很差
R_{315}	获得国内外重要学术奖励奖项,在学术组织中担任重要职务,在顶尖国际学术刊物中担任主编、副主编或编委等情况	16	9	12	2	1
R_{316}	服务国家"急难险重"事件发挥的作用和贡献情况	27	5	3	5	0
R_{317}	发明专利数量	17	14	4	5	0
R_{41}	参与社会服务人数	23	8	7	1	1
R_{42}	线上培训指导人数	24	10	5	1	0
R_{43}	指导社会服务导师数量	20	13	5	2	0
R_{44}	在社会各类单位实践人数	19	14	3	4	0
R_{45}	校企合作实践基地数量	16	13	6	5	0
R_{46}	社会服务创新创业项目数量	20	13	5	2	0
R_{47}	社会服务实践基地数量	19	14	3	4	0
R_{48}	社会服务场所面积	19	17	1	2	1
R_{49}	社会服务专项基金金额	17	14	6	3	0
R_{410}	奖助学金金额	16	13	6	5	0
R_{411}	产学研财政补贴	13	12	8	6	1
R_{412}	产学研经费拨款	21	8	8	2	1
R_{413}	产学研项目成果数	25	7	3	5	0
R_{414}	社会各界对服务满意度	17	14	4	5	0
R_{415}	在各单位实践人员绩效	23	8	7	1	1
R_{416}	实践与服务平台产出	9	14	12	5	0
R_{417}	开展各类社会活动数量	13	12	8	6	1
R_{51}	文化传承与创新发展团队数	12	18	8	2	0
R_{52}	文化传承与创新发展人员数	15	18	3	4	0
R_{53}	文化传承与创新发展导师数	15	17	5	2	1
R_{54}	国内外外聘指导专家数	17	14	4	5	0
R_{55}	文化传承与创新发展平台	20	11	7	1	1

全面预算绩效管理「高校模式」

指标编号	评价指标	评语				
		优	良	中	差	很差
R_{56}	重点文化发展研究基地	13	15	9	3	0
R_{57}	产学研联合实验室等	12	14	9	5	0
R_{58}	政企校联合研究平台等	13	12	8	6	1
R_{59}	文化传承与创新发展总经费	19	17	1	2	1
R_{510}	文化传承与创新自筹经费	27	5	3	5	0
R_{511}	文化发展指导教师年收入	17	14	4	5	0
R_{512}	文化传承与创新支出占总支出比	12	22	5	1	0
R_{513}	培养拔尖创新人才、支持重要创新项目、重要创新团队数量情况	16	14	7	3	0
R_{514}	人文社科、自然科学等发表论文数	16	13	6	5	0
R_{515}	师生参加全国性创新创业等大赛获奖情况	20	13	5	2	0
R_{516}	文化传承与创新平台研究成果转化情况	18	14	4	4	0
R_{517}	出版相关专著数量	18	17	2	2	1
R_{61}	具有国际化就读背景的教师人数	17	14	6	3	0
R_{62}	具有国际化任职背景的教师人数	26	6	5	3	0
R_{63}	引进国际化高水平海外人才人数	17	14	4	5	0
R_{64}	具有国际化背景教师给本科生上课比例	22	9	7	1	1
R_{65}	国际化教学科研用房面积	16	13	6	5	0
R_{66}	国际化办公用房面积	14	11	8	6	1
R_{67}	国际化生活用房面积	20	13	5	2	0
R_{68}	中外合作办学项目数量	19	14	4	3	0
R_{69}	国际化方向经费拨款	19	17	1	2	1
R_{610}	留学生生均教育投入	26	6	3	5	0
R_{611}	国际化引进教师平均年收入	17	14	4	5	0
R_{612}	国际化支出占总支出比	22	9	7	1	1

指标编号	评价指标	评语				
		优	良	中	差	很差
R_{613}	国际及中国台港澳重要交流活动、与共建"一带一路"国家交流合作情况	16	13	6	5	0
R_{614}	国际学术会议、工作坊举办情况	13	12	8	6	1
R_{615}	来华留学品牌课程数量	20	13	5	2	0
R_{616}	留学生规模及发展情况	19	14	4	3	0
R_{617}	国际声誉与影响力	19	17	2	1	1

根据计算公式可知,绩效指标评价隶属度等于选择该项的人数除以实际填写问卷的人数,则N高校绩效评价指标的隶属度如表11-3所示。

表 11-3　N高校全面预算绩效管理体系评价指标隶属度

指标编号	评价指标	评语				
		优	良	中	差	很差
R_{11}	预算编制战略性	0.825	0.150	0.025	0.000	0.000
R_{12}	预算编制及时性	0.850	0.125	0.025	0.000	0.000
R_{13}	预算编制合理性	0.650	0.175	0.075	0.100	0.000
R_{14}	预算执行及时性	0.725	0.100	0.100	0.075	0.000
R_{15}	预算调整比率	0.675	0.125	0.100	0.100	0.000
R_{16}	预算执行监控有效性	0.625	0.150	0.125	0.075	0.025
R_{17}	预算绩效工作及时性	0.675	0.125	0.075	0.125	0.000
R_{18}	预算绩效工作合理性	0.425	0.350	0.100	0.125	0.000
R_{19}	预算绩效工作有效性	0.575	0.325	0.050	0.025	0.025
R_{21}	副教授及以上教师人数	0.775	0.175	0.050	0.000	0.000
R_{22}	硕士及以上学历教师人数	0.925	0.050	0.025	0.000	0.000
R_{23}	师生比	0.725	0.200	0.075	0.000	0.000
R_{24}	正教授给本科生上课人数	0.350	0.400	0.175	0.050	0.025
R_{25}	教学用房面积	0.500	0.325	0.125	0.050	0.000
R_{26}	图书馆面积	0.475	0.350	0.075	0.100	0.000

指标编号	评价指标	评语				
		优	良	中	差	很差
R_{27}	科研实验场所面积	0.475	0.425	0.025	0.050	0.025
R_{28}	生活用房面积	0.675	0.100	0.100	0.125	0.000
R_{29}	教育经费拨款	0.425	0.350	0.100	0.125	0.000
R_{210}	生均教育投入	0.575	0.200	0.175	0.025	0.025
R_{211}	副教授及以上教师平均年收入	0.600	0.250	0.125	0.025	0.000
R_{212}	教学支出占总支出比	0.425	0.375	0.150	0.050	0.000
R_{213}	本科毕业率	0.625	0.300	0.075	0.000	0.000
R_{214}	硕士毕业率	0.675	0.275	0.050	0.000	0.000
R_{215}	博士毕业率	0.650	0.350	0.000	0.000	0.000
R_{216}	学校就业率	0.650	0.325	0.025	0.000	0.000
R_{217}	校友捐赠率	0.575	0.200	0.125	0.100	0.000
R_{31}	两院院士人数	0.500	0.325	0.125	0.050	0.000
R_{32}	长江、杰青等高层次人才数量	0.475	0.350	0.075	0.100	0.000
R_{33}	具有高级职称科研人员数量	0.475	0.425	0.025	0.050	0.025
R_{34}	进行重大科研创新团队数量	0.400	0.375	0.100	0.125	0.000
R_{35}	国家重点实验室数量	0.575	0.200	0.175	0.025	0.025
R_{36}	博士后流动站数量	0.600	0.250	0.125	0.025	0.000
R_{37}	科研实验场所面积	0.525	0.175	0.225	0.075	0.000
R_{38}	产学研联合实验室数量	0.450	0.375	0.125	0.050	0.000
R_{39}	科研经费总额	0.500	0.325	0.125	0.050	0.000
R_{310}	科研财政拨款和科研自筹经费比例	0.475	0.350	0.075	0.100	0.000
R_{311}	科研人员平均年收入	0.475	0.425	0.025	0.050	0.025
R_{312}	科研支出占总支出比	0.425	0.350	0.150	0.075	0.000
R_{313}	在学科群一流以上刊物发表高水平学术论文数和有重大影响力的专著数量	0.400	0.325	0.150	0.125	0.000
R_{314}	主持国家重大研发计划或国家科技重大专项数、基金委重大项目数	0.325	0.300	0.200	0.150	0.025

指标编号	评价指标	评语				
		优	良	中	差	很差
R_{315}	获得国内外重要学术奖励奖项,在学术组织中担任重要职务,在顶尖国际学术刊物中担任主编、副主编或编委等情况	0.400	0.225	0.300	0.050	0.025
R_{316}	服务国家"急难险重"事件发挥的作用和贡献情况	0.675	0.125	0.075	0.125	0.000
R_{317}	发明专利数量	0.425	0.350	0.100	0.125	0.000
R_{41}	参与社会服务人数	0.575	0.200	0.175	0.025	0.025
R_{42}	线上培训指导人数	0.600	0.250	0.125	0.025	0.000
R_{43}	指导社会服务导师数量	0.500	0.325	0.125	0.050	0.000
R_{44}	在社会各类单位实践人数	0.475	0.350	0.075	0.100	0.000
R_{45}	校企合作实践基地数量	0.400	0.325	0.150	0.125	0.000
R_{46}	社会服务创新创业项目数量	0.500	0.325	0.125	0.050	0.000
R_{47}	社会服务实践基地数量	0.475	0.350	0.075	0.100	0.000
R_{48}	社会服务场所面积	0.475	0.425	0.025	0.050	0.025
R_{49}	社会服务专项基金金额	0.425	0.350	0.150	0.075	0.000
R_{410}	奖助学金金额	0.400	0.325	0.150	0.125	0.000
R_{411}	产学研财政补贴	0.325	0.300	0.200	0.150	0.025
R_{412}	产学研经费拨款	0.525	0.200	0.200	0.050	0.025
R_{413}	产学研项目成果数	0.625	0.175	0.075	0.125	0.000
R_{414}	社会各界对服务满意度	0.425	0.350	0.100	0.125	0.000
R_{415}	在各单位实践人员绩效	0.575	0.200	0.175	0.025	0.025
R_{416}	实践与服务平台产出	0.225	0.350	0.300	0.125	0.000
R_{417}	开展各类社会活动数量	0.325	0.300	0.200	0.150	0.025
R_{51}	文化传承与创新发展团队数	0.300	0.450	0.200	0.050	0.000
R_{52}	文化传承与创新发展人员数	0.375	0.450	0.075	0.100	0.000
R_{53}	文化传承与创新发展导师数	0.375	0.425	0.125	0.050	0.025
R_{54}	国内外外聘指导专家数	0.425	0.350	0.100	0.125	0.000

指标编号	评价指标	评语				
		优	良	中	差	很差
R_{55}	文化传承与创新发展平台	0.500	0.275	0.175	0.025	0.025
R_{56}	重点文化发展研究基地	0.325	0.375	0.225	0.075	0.000
R_{57}	产学研联合实验室等	0.300	0.350	0.225	0.125	0.000
R_{58}	政企校联合研究平台等	0.325	0.300	0.200	0.150	0.025
R_{59}	文化传承与创新发展总经费	0.475	0.425	0.025	0.050	0.025
R_{510}	文化传承与创新自筹经费	0.675	0.125	0.075	0.125	0.000
R_{511}	文化发展指导教师年收入	0.425	0.350	0.100	0.125	0.000
R_{512}	文化传承与创新支出占总支出比	0.300	0.550	0.125	0.025	0.000
R_{513}	培养拔尖创新人才、支持重要创新项目、重要创新团队数量情况	0.400	0.350	0.175	0.075	0.000
R_{514}	人文社科、自然科学等发表论文数	0.400	0.325	0.150	0.125	0.000
R_{515}	师生参加全国性创新创业等大赛获奖情况	0.500	0.325	0.125	0.050	0.000
R_{516}	文化传承与创新平台研究成果转化情况	0.450	0.350	0.100	0.100	0.000
R_{517}	出版相关专著数量	0.450	0.425	0.050	0.050	0.025
R_{61}	具有国际化就读背景的教师人数	0.425	0.350	0.150	0.075	0.000
R_{62}	具有国际化任职背景的教师人数	0.650	0.150	0.125	0.075	0.000
R_{63}	引进国际化高水平海外人才人数	0.425	0.350	0.100	0.125	0.000
R_{64}	具有国际化背景教师给本科生上课比例	0.550	0.225	0.175	0.025	0.025
R_{65}	国际化教学科研用房面积	0.400	0.325	0.150	0.125	0.000
R_{66}	国际化办公用房面积	0.350	0.275	0.200	0.150	0.025
R_{67}	国际化生活用房面积	0.500	0.325	0.125	0.050	0.000
R_{68}	中外合作办学项目数量	0.475	0.350	0.100	0.075	0.000
R_{69}	国际化方向经费拨款	0.475	0.425	0.025	0.050	0.025
R_{610}	留学生生均教育投入	0.650	0.150	0.075	0.125	0.000
R_{611}	国际化引进教师平均年收入	0.425	0.350	0.100	0.125	0.000

指标编号	评价指标	评语				
		优	良	中	差	很差
R_{612}	国际化支出占总支出比	0.550	0.225	0.175	0.025	0.025
R_{613}	国际及中国台港澳重要交流活动、与共建"一带一路"国家交流合作情况	0.400	0.325	0.150	0.125	0.000
R_{614}	国际学术会议、工作坊举办情况	0.325	0.300	0.200	0.150	0.025
R_{615}	来华留学品牌课程数量	0.500	0.325	0.125	0.050	0.000
R_{616}	留学生规模及发展情况	0.475	0.350	0.100	0.075	0.000
R_{617}	国际声誉与影响力	0.475	0.425	0.050	0.025	0.025

11.2.5　单项评价和综合评价

根据上述结果,得到模糊矩阵,并根据模糊综合矩阵进行单项评价和模糊综合评价。单项评价 $B_n = W_n \times R_n$,模糊综合评价 $G_n = B_n \times V^t$,其中,W_n 为每类指标权重,V^t 代表五个评语赋值得分。本书采取 SPSSPRO 作为分析软件,利用熵权法计算变量权重,模糊算子选择加权平均型 $M(*,+)$,综合利用指标权重和输入数据信息,能较为客观地反映原始数据信息。指标权重表如表 11-4 所示。

表 11-4　N 高校全面预算绩效管理体系评价权重

指标编号	评价指标	指标权重/%
R_{11}	预算编制战略性	2.073
R_{12}	预算编制及时性	2.160
R_{13}	预算编制合理性	1.158
R_{14}	预算执行及时性	1.393

指标编号	评价指标	指标权重/%
R_{15}	预算调整比率	1.204
R_{16}	预算执行监控有效性	1.276
R_{17}	预算绩效工作及时性	1.216
R_{18}	预算绩效工作合理性	0.749
R_{19}	预算绩效工作有效性	1.638
R_{21}	副教授及以上教师人数	1.847
R_{22}	硕士及以上学历教师人数	2.501
R_{23}	师生比	1.660
R_{24}	正教授给本科生上课人数	0.915
R_{25}	教学用房面积	0.941
R_{26}	图书馆面积	0.895
R_{27}	科研实验场所面积	1.558
R_{28}	生活用房面积	1.204
R_{29}	教育经费拨款	0.749
R_{210}	生均教育投入	1.337
R_{211}	副教授及以上教师平均年收入	1.166
R_{212}	教学支出占总支出比	0.856
R_{213}	本科毕业率	1.467
R_{214}	硕士毕业率	1.619
R_{215}	博士毕业率	1.855
R_{216}	学校就业率	1.682
R_{217}	校友捐赠率	0.925
R_{31}	两院院士人数	0.941
R_{32}	长江、杰青等高层次人才数量	0.895
R_{33}	具有高级职称科研人员数量	1.558
R_{34}	进行重大科研创新团队数量	0.743
R_{35}	国家重点实验室数量	1.337
R_{36}	博士后流动站数量	1.166

指标编号	评价指标	指标权重/%
R_{37}	科研实验场所面积	0.842
R_{38}	产学研联合实验室数量	0.912
R_{39}	科研经费总额	0.941
R_{310}	科研财政拨款和科研自筹经费比例	0.895
R_{311}	科研人员平均年收入	1.558
R_{312}	科研支出占总支出比	0.771
R_{313}	在学科群一流以上刊物发表高水平学术论文数和有重大影响力的专著数量	0.643
R_{314}	主持国家重大研发计划或国家科技重大专项数、基金委重大项目数	0.537
R_{315}	获得国内外重要学术奖励奖项,在学术组织中担任重要职务,在顶尖国际学术刊物中担任主编、副主编或编委等情况	0.856
R_{316}	服务国家"急难险重"事件发挥的作用和贡献情况	1.216
R_{317}	发明专利数量	0.749
R_{41}	参与社会服务人数	1.337
R_{42}	线上培训指导人数	1.166
R_{43}	指导社会服务导师数量	0.941
R_{44}	在社会各类单位实践人数	0.895
R_{45}	校企合作实践基地数量	0.643
R_{46}	社会服务创新创业项目数量	0.941
R_{47}	社会服务实践基地数量	0.895
R_{48}	社会服务场所面积	1.558
R_{49}	社会服务专项基金金额	0.771
R_{410}	奖助学金金额	0.643
R_{411}	产学研财政补贴	0.537
R_{412}	产学研经费拨款	1.050
R_{413}	产学研项目成果数	1.074
R_{414}	社会各界对服务满意度	0.749

指标编号	评价指标	指标权重/%
R_{415}	在各单位实践人员绩效	1.337
R_{416}	实践与服务平台产出	0.550
R_{417}	开展各类社会活动数量	0.537
R_{51}	文化传承与创新发展团队数	0.805
R_{52}	文化传承与创新发展人员数	0.883
R_{53}	文化传承与创新发展导师数	1.033
R_{54}	国内外外聘指导专家数	0.749
R_{55}	文化传承与创新发展平台	1.190
R_{56}	重点文化发展研究基地	0.668
R_{57}	产学研联合实验室等	0.550
R_{58}	政企校联合研究平台等	0.537
R_{59}	文化传承与创新发展总经费	1.558
R_{510}	文化传承与创新自筹经费	1.216
R_{511}	文化发展指导教师年收入	0.749
R_{512}	文化传承与创新支出占总支出比	1.095
R_{513}	培养拔尖创新人才、支持重要创新项目、重要创新团队数量情况	0.726
R_{514}	人文社科、自然科学等发表论文数	0.643
R_{515}	师生参加全国性创新创业等大赛获奖情况	0.941
R_{516}	文化传承与创新平台研究成果转化情况	0.815
R_{517}	出版相关专著数量	1.346
R_{61}	具有国际化就读背景的教师人数	0.771
R_{62}	具有国际化任职背景的教师人数	1.140
R_{63}	引进国际化高水平海外人才人数	0.749
R_{64}	具有国际化背景教师给本科生上课比例	1.279
R_{65}	国际化教学科研用房面积	0.643
R_{66}	国际化办公用房面积	0.547
R_{67}	国际化生活用房面积	0.941

指标编号	评价指标	指标权重/%
R_{68}	中外合作办学项目数量	0.895
R_{69}	国际化方向经费拨款	1.558
R_{610}	留学生生均教育投入	1.140
R_{611}	国际化引进教师平均年收入	0.749
R_{612}	国际化支出占总支出比	1.279
R_{613}	国际及中国台港澳重要交流活动、与共建"一带一路"国家交流合作情况	0.643
R_{614}	国际学术会议、工作坊举办情况	0.537
R_{615}	来华留学品牌课程数量	0.941
R_{616}	留学生规模及发展情况	0.895
R_{617}	国际声誉与影响力	1.558

之后,将数据导入 SPSSPRO 软件,可得到评价语集隶属度如表 11-5 所示。

表 11-5　N 高校全面预算绩效管理体系评价语集隶属

评语	优	良	中	差	很差
隶属度	0.540 975	0.285 944	0.103 331	0.061 913	0.007 838
隶属度归一化(权重)	0.541	0.286	0.103	0.062	0.008

从表 11-5 可以得到,5 个评语集中"优"的权重最高,为 0.541,根据集合最大隶属度法则可以得到,N 高校绩效综合评价的结果为"优"。此外,根据评价语集赋值(100、80、70、60、50),结合隶属度权重,可知 N 高校最终预算绩效评价分值为 88.31 分,介于"优"和"良"之间,由此判断 N 高校总体绩效情况良好。本案例分析所用评价方法及数据来源,均具有一定程度的主观性,案例研究数据处理、方法选择等方面仍存在较大的完善空间,此案例仅做参考。

11.3 全面预算绩效管理"高校模式"展望与举措

11.3.1 紧跟预算一体化的改革思路和节奏

高校绩效预算是高校绩效指标评价的基础,更是高校预算绩效管理的基础。[①] 2018 年 9 月,《意见》明确提出要创新预算管理方式,注重结果导向、强调成本效益、硬化责任约束,力争用 3 至 5 年时间基本建成全方位、全过程、全覆盖的预算绩效管理体系,实现预算和绩效管理一体化,着力提高财政资源配置效率和使用效益,改变预算资金分配的固化格局,提高预算管理水平和政策实施效果。2019 年 12 月,教育部印发《关于全面实施预算绩效管理的意见》(教财〔2019〕6 号),要求"2020 年底,基本建成覆盖部门预算的全面预算绩效管理制度体系,进一步优化预算绩效管理模式,不断提高教育预算管理科学化水平"。2021 年财政部印发《关于修订预算管理一体化规范和技术标准有关资产管理内容的通知》,扩充了资产信息卡片涵盖的资产类型,完善了资产信息卡片内容,确定了固定资产、无形资产、公共基础设施、政府储备物资、文物文化资产、保障性住房、在建工程、长期投资等各类资产的资产信息卡样式,作为附录纳入《预算管理一体化规范(试行)》。2023 年开始,预算一体化系统正式启用,预算

[①] 乔春华.高校经费绩效管理基本概念研究[J].会计之友,2012(07):110 - 115.

一体化改革已在高校正式拉开帷幕。但在实践中,高校的管理体制、管理理念和操作模式未能跟上预算一体化改革的节奏,面对预算一体化刚性约束强、协调要求等特点,高校需要尽快适应和调整,以全面预算绩效为抓手,倒逼高校的管理模式和管理制度进行调整。因此,加快推动高校预算绩效管理水平进一步提升,应成为未来预算管理工作的重点。

11.3.2　建立统一的业财数据标准和数据库

全面预算绩效管理将绩效目标申报、绩效目标执行情况监控、绩效指标体系建设、绩效评价及其结果评价应用等手段和方法融入预算全过程,[①]具有全程性和连续性,做好全面预算绩效管理,不仅有助于当年预算的监控执行,更有助于上年绩效评估和下年预算编制,为提高数据质量和一致性,确保预算绩效管理的横向可比性和纵向可比性,扩大预算绩效管理的适用范围,有必要建立统一的业财数据标准和数据库。在预算绩效管理的过程中,数据贯穿始终,成本数据、时间数据、人力数据等等,充分有效的数据是进行科学分析、科学决策的基础。从高校的角度来看,建立统一的业财数据标准为高校进行预算绩效管理提供了指导方向和预算绩效管理范式,有助于提高高校预算管理质量和管理人员积极性,从政府的角度来看,建立统一的业财数据标准可以确保不同部门和单位收集、报告、分析数据时遵循相同的规则,减少数据差异,增强结果的可比性,为政府合理配置教育资源提供了有效支撑。二十一世纪是信息化时代,通过构建统一的预算管理平台,可以实现不同部门和单位之间的数据互通,为决策进行有效支持,在坚持预算改革和预算一体化的同时,要建立统一的业财数据标准,以提高系统的使用效率,

---

① 　王海涛.我国预算绩效管理改革研究[D].财政部财政科学研究所,2014.

为预算管理保驾护航。

11.3.3　建立以绩效为导向的预算配置管理

全面预算管理流程中,从规划、计划、预算到绩效,这四个步骤环环相扣、缺一不可。驱动高校建设目标落地的是人,绩效的作用就是激发人的活力,通过绩效建设,让高校的教职员工上下同欲、同心同德。绩效指标从哪里来?平衡计分卡的创始人卡普兰教授将战略分解为财务指标、管理指标、学习指标和成长指标。其中的财务指标就是从预算系统中来的。绩效指标如果与预算脱节,其效果轻则大打折扣,重则适得其反。绩效指标要能够与预算管理紧密结合,建立以绩效为导向的预算配置体系尤为重要。以绩效目标为导向,科学合理分配资金,对"实施不力、进展缓慢、缺乏实效"的建设项目要减少支持力度。预算是数字化的计划,贯穿于项目发展的各个流程,加强预算管理要从资源的有效配置开始,建立科学合理的预算分配制度,以绩效为导向,将绩效目标的设定情况作为资金分配的重要指标,从源头开始将绩效评价融入进去。

11.3.4　建立第三方评价机制

高校开展绩效评价时,可以考虑采用第三方评价,提高科学性和公信度。高校的绩效评价工作正处于起步阶段,但企业的绩效评价发展相对成熟,虽然高校和企业性质不一,特点有差异,但第三方评价的专业度和工具的运用比较成熟,且第三方可以保持相对独立性,公正的开展绩效评价效果更好。在选择委托评价机构时,高校应按学校内控流程选择具有相应资质的优秀评价机构。在绩效评价前,需在合同中约定双方的权利义务,对评价人员的专业胜任能力和需回避情况进行约定,以保证绩效评价的质量和公正客观。[①]绩效评价中,应基于客观数据,结合高校战略和实际运行情况,选择适合高校绩效评价的指标体系,注意因校而异,不能一概而论。绩效评价之后,应对评价结果进行充分解读,正确看待评价结果,对于结果反馈较差的方面,应在后续高校建设过程中给予针对性关注,必要时可寻求第三方机构协助进行改善。

11.3.5 通过奖惩机制强化评价结果应用

通过疏通"绩效评价—评价结果—结果反馈—整改应用"的各个流程,及时反馈绩效评价结果,加强反馈结果的应用,对反馈的问题及时整改,并定期检查整改结果,让评价结果应用落到实处,真正提高绩效管理水平。建立绩效管理奖惩机制,将绩效评价结果与各部门年终绩效、预算安排挂钩,对绩效目标完成好、效益高的部门采取提高年终绩效奖励、增强预算安排额度等措施。必要时,针对学校重大项目,其绩效评价结果还可以和干部任免挂钩。严肃绩效问责机制,真实落实"花钱必问效、无效必问责",针对失职、渎职、不作为、滥作为甚至违法舞弊行为要加大惩治力度,严肃问责,以强化落实资金使用部门的主体责任,切实提高项目资金使用效益。

11.3.6 推进财会监督与全面预算绩效管理融合

2023 年,中共中央办公厅和国务院办公厅联合下发了《关于进一步加强财会监督工作的意见》(中办发〔2023〕4 号)的通知,对于加强财经管理、完善财经制度和发挥监督职能提出了具体要求。高校要全面认识新

---

① 胡雄."双一流"建设背景下高校预算绩效管理的思考[J].西部财会,2021(02):39-42.

时代财会监督的内涵,明确财会监督对高校提出的新要求,加强财会监督与全面预算绩效管理融合。具体地,高校要从预算编制、绩效目标完成情况、预算资金使用情况等方面,构建全方位、多角度、全流程的监控流程。建立健全资金使用部门与项目管理部门自我约束控制、财务部门实时监控、审计等部门必要时介入的绩效监控机制。在监控时,要将资金使用部门和项目管理部门纳入自我约束的责任主体,在保证财权和事权相统一的基础上,构建责任体系,将相关责任人的实际业绩融入日常审查中,提高其自我警惕性和责任心,以增强自我约束力。同时,要建立健全与资金使用部门和项目对口管理部门的沟通机制,针对监控发现的问题,疏通不同问题性质与不同层面进行沟通的流程并及时处理。如发现绩效完成情况差、资金使用不合理、违法违规现象,要及时调减资金支持力度,必要时收回项目预算。① 适时引入审计、纪委介入,加强监控力度,严肃财经纪律,提高财会监督水平和效率,为预算绩效管理工作顺利完成保驾护航。

---

① 胡雄.“双一流”建设背景下高校预算绩效管理的思考[J].西部财会,2021(02):39-42.

参考文献

［1］Campbell, J.P. Modeling the performance prediction problem in industrial and Organizational psychology. Handbook of Industrial and Organizational Psychology［M］. 2nded. Palo Alto, CA: Consulting Psychologists Press,1990: 687－732.

［2］Borgia, C.R. and Coyner, R.S. The evolution and success of budgeting systems at institutions of higher education［J］. Public Budgeting and Financial Management, 1996,7: 467.

［3］Fudenberg, D., Holmstrom, B., Milgrom, P.. Short-term Contracts and Long-term Agency Relationship［J］. Journal of Economic Theory,1990 (51): 1－31.

［4］Zierdt, G.L.. Responsibility-centred budgeting: An emerging trend in higher education budget reform［J］. Journal of Higher Education Policy and Management, 2009(02): 345－353.

［5］Bernadin, H.J., Kane, J.S.. Performance appraisal: A contingency approach to system development and evaluation［M］. Amazon. co. uk: Books,1993: 92－112.

［6］Guthrie, J. and Neumann, R. Economic and non-financial performance indicators in universities［J］. Public Management Review, 2007, 9(2): 231－252.

［7］Lewis, T.R. and Sappington, D.E.M. Regulating a Monopolist with Unknown Demand ［J］. American Economic Review, 1998,

78，986－998.

［8］Stephen，A. and Ross S. The Economic Theory of Agency：The Principal's Problem［J］. American Economic Review，1973，63：134－139.

［9］Ferreri，L.B. and Cowen，S.S. The university budget process：a case study［J］. Nonprofit Management and Leadership，1993，3（3）：299－311.

［10］曹寸.高校绩效预算研究［D］.江苏科技大学,2014.

［11］柴效武,余中国.教育成本分担理论评析［J］.教学研究,2004（02）:117－119.

［12］晁毓欣.美国联邦政府项目评级工具（PART）:结构、运行与特征［J］.中国行政管理,2010（05）:33－37.

［13］陈彩勤,何粟.高校全过程预算绩效管理难点及对策研究［J］.教育财会研究,2017,28（06）:24－28.

［14］程永波,方志耕,刘思峰,等.高校学科建设项目绩效评价指标体系研究［J］.科技进步与对策,2008,（09）:180－183.

［15］范润芳.我国高校筹资存在的问题及对策分析［D］.兰州大学,2008.

［16］高新宇.BSC框架下"双一流"建设高校预算绩效评价指标体系构建［J］.会计师,2021（01）:94－95.

［17］葛洪朋,韩珺,王云.对行政事业单位预算绩效管理的思考——以高校为例［J］.财务与会计,2014（11）:66－68.

［18］葛晓冬,邰源,许莹,等."双一流"建设背景下高校全面预算绩效管理浅析［J］.教育财会研究,2022,33（02）:71－77.

［19］郭银清.建立高校绩效预算管理体系的研究［J］.会计之友,2006（11）:63－65.

［20］胡雄."双一流"建设背景下高校预算绩效管理的思考［J］.西部

财会,2021,(02):39-42.

[21] 贾晓璇.简论公共产品理论的演变[J].山西师大学报(社会科学版),2011,38(S2):31-33.

[22] 姜竹,何雨莹.全面预算绩效管理:理论渊源、技术要求及信息披露[J].经济研究参考,2019(12):97-103.

[23] 靳光玫,陈原.预算绩效管理理论研究与案例解读[M].长春:吉林大学出版社,2022:1.

[24] 李丹.论我国高等学校预算管理[D].首都经济贸易大学,2005.

[25] 李锋,葛世伦,尹洁.高校科研绩效评价模型研究[J].科技管理研究,2009,29(07):271-272.

[26] 李淑宁,聂保清,胡周娥.以绩效为目标,加强高校预算管理[J].教育财会研究,2005,(04):27-30.

[27] 李延鹏.行政事业单位绩效评价探讨[J].财务管理研究,2023,(05):121-125.

[28] 李煜均.高校绩效预算指标体系构建研究[J].科技经济市场.2009,7,86-87

[29] 李志情,董玲.高校预算绩效管理存在的问题及建议[J].会计之友,2016,(08):89-91.

[30] 梁煜欣.预算绩效目标管理研究[D].中国财政科学研究院,2020.

[31] 凌艳平.基于BP网络的高校绩效预算管理模型[J].湖南广播电视大学学报.2010,1,86-88.

[32] 刘诗琦,赵聚辉.我国高校预算绩效全过程管理的问题和对策研究[J].经济研究导刊,2019,(14):151-152.

[33] 刘帅,黄美化,薛凯喜,郭国林.产学研合作模式下高校服务社会效能提升对策研究[J].高教学刊,2022,8(01):58-61.

［34］刘玉光.高等学校绩效预算管理问题研究［D］.厦门大学,2007.

［35］刘赟赟.基于高校实践的全面预算管理系统设计研究［J］.会计之友,2019,(05):87－90

［36］陆炳林.公立高校预算管理优化问题与对策研究［D］.扬州大学,2021.

［37］陆萍,吴婧,张甫香.高校预算绩效评价的方法探析［J］.财会通讯,2010,512(36):60－63.

［38］陆芊芊."双一流"建设背景下的高校财务绩效综合评价研究［D］.常州大学,2022.

［39］陆媛.高校预算绩效评价的理论研究及绩效指标体系设计［J］.技术经济与管理研究,2006,(01):60－61.

［40］马蔡琛,朱旭阳.从传统绩效预算走向新绩效预算的路径选择［J］.经济与管理研究,2019,40(01):86－96.

［41］马海涛,孙欣.全过程预算绩效评价结果应用:理论框架构建［J］.经济与管理评论,2021,37(02):95－106.

［42］马静娴,蔡运记.全面预算管理在高校内部治理中的应用研究［J］.安徽工业大学学报(社会科学版),2015,32(04):52－53.

［43］马陆亭.试析我国高等教育投入制度的改革方向［J］.高等教育研究,2006(07):51－56.

［44］莫蓉.关于新时代强化高校财会监督管理的思考［J］.商讯,2023(13):37－40.

［45］彭剑锋.人力资源管理概论［M］.上海:复旦大学出版社,2003:263－284.

［46］彭未名,邵任薇,刘玉蓉,等.新公共管理［M］.广州:华南理工大学出版社,2007.

［47］彭雪辉,高金娜,许晓洁.强化财会监督背景下高校预算绩效管

理研究[J].现代审计与会计,2022(08):32-34.

[48] 乔春华.高校经费绩效管理基本概念研究[J].会计之友,2012,(07):110-115.

[49] 任春国.价格听证会制度在理论层面和实践层面的冲突与平衡[D].山东大学,2007.

[50] 任华.绩效棱柱在高校绩效预算评价体系中的应用[J].知识经济,2011,(15):46-48.

[51] 阮守武.公共选择理论及其应用研究[D].中国科学技术大学,2007.

[52] 孙鹤,陈刚.政府会计改革下高校建立分类预算绩效评价体系研究[J].财务与会计,2020,(15):65-68.

[53] 孙克竞.公共经济学视角下的政府预算绩效管理改革[J].财政监督,2009(01):29-31.

[54] 谭静,冯琳,郑中华.新公共管理与新公共服务理论比较[J].学习月刊,2009,(04):19-20.

[55] 唐静,耿慧志.基于委托-代理视角的大城市规划管理体制改进[J].城市规划,2015,39(06):51-58.

[56] 田群利.浅析高校预算管理存在的问题与对策[J].新经济,2014,(26):95-96.

[57] 托马斯·D.林奇.美国公共预算[M].北京:中国财政经济出版社,2002.

[58] 王宝成.新公共服务范式——管理主义的替代性范式[J].科教文汇,2006,(03):168.

[59] 王海妮.高校财务预算绩效模糊评价研究——以S高校为例[J].会计之友,2019,(04):129-134

[60] 王海涛.我国预算绩效管理改革研究[D].财政部财政科学研究

所,2014.

[61] 王美强.基于超效率 DEA 模型的高校内院系效率评价[J].贵州大学学报(自然科学版),2010(6):140-142.

[62] 魏巍.工程类政府采购评标指标体系的构建与应用研究[D].天津大学,2012.

[63] 文小才.双一流高校预算管理绩效评价指标设计研究——以河南省为例[J].河南财政税务高等专科学校学报,2020,34(01):1-8.

[64] 巫朝辉.高校预算绩效模糊综合评价研究[J].福州大学学报(哲学社会科学版),2016,30(01):58-63.

[65] 吴勋,张晓岚.中国绩效预算改革的国际背景及策略[J].经济纵横,2008,(08):33-35.

[66] 邢天添.新公共管理视野下的绩效预算改革[J].郑州大学学报(哲学社会科学版),2007(03):65-67.

[67] 徐玉德.新时代财会监督论[J].财会月刊,2022(04):7-15.

[68] 徐增辉.新公共管理研究[D].吉林大学,2005.

[69] 许为民,李稳博.从经典学术论文的视角分析绩效内涵研究[J].东华大学学报(社会科学版),2009,9(04):332-336.

[70] 杨慧珊.关键绩效指标法在项目支出绩效评价中的应用研究[J].财经界,2022(16):59-61.

[71] 杨蓉,曹瑾.高校预算管理绩效评价指标体系设计研究[J].教育财会研究,2018,29(06):43-50.

[72] 杨蓉.人力资源管理[M].大连:东北财经大学出版社,2002:210-219.

[73] 杨燕英,周锐,陈少杰,陈思奇.政府购买服务全过程预算绩效管理:一个典型案例的研究[J].中央财经大学学报,2022(04):119-128.

[74] 杨在忠.基于价值指向的高校绩效评价体系框架研究[J].兰州

交通大学学报,2020(2):152 - 155.

[75] 杨周复,施建军.大学财务综合评价研究[M].中国人民大学出版社,2002.

[76] 姚慧娟,张建卫,林淑霞.绩效管理的新领域:绩效潜力分析[J].沿海企业与科技,2007(1):71 - 72.

[77] 袁晋芳.我国高校绩效预算问题研究[D].中央财经大学,2017.

[78] 张德.人力资源开发与管理[M].北京:清华大学出版社,2004.

[79] 张鼎,薄媚月.基于高校五大使命的预算绩效评价指标设计原则思考[J].会计师,2021,(17):98 - 100.

[80] 张建涛.高等学校推行绩效预算初探[J].经济论坛,2011,(01):175 - 177.

[81] 张君.部门预算绩效管理研究[D].东北财经大学,2014.

[82] 张君瑜.高校专项资金预算绩效管理研究[D].河南大学,2019.

[83] 张帅帅.高校预算绩效管理评价指标体系研究[J].商业会计,2019(12):92 - 94.

[84] 张媛丽.预算管理视角下的普通高校预算绩效评价研究[D].北京化工大学,2015.

[85] 赵呐.20世纪美国联邦法院司法决策研究[D].中南财经政法大学,2021.

[86] 赵蜀蓉,陈绍刚,王少卓.委托代理理论及其在行政管理中的应用研究述评[J].中国行政管理,2014,(12):119 - 122.

[87] 赵羽.高校全过程预算绩效管理问题研究[D].首都经济贸易大学,2020.

[88] 周俊男.可追溯性对供应链合作行为的作用机制研究[D].上海交通大学,2017.

[89] 左晴.谈加强高校预算管理[J].辽宁教育研究,2000(S1):103 - 105.

后　记

落叶轻舞，寒风细语，冬日的脚步悄然临近。在此写下这段简短的文字，本书的写作也迎来了结尾。下面的致谢未免有些俗套，但充满真诚。

"宇宙浩瀚，一心向阳。"这句话不仅反映了我们对知识的无限追求，也是我们编写组在探索全面预算绩效管理高校模式过程中的真实写照。知识如同浩瀚的宇宙，无边无际，而我们始终怀揣着对知识的渴望与向往，一路向阳，不断前行。

预算管理是高等教育管理领域和大学管理中重要的理论和实践问题。全面预算绩效管理是预算管理的有效工具，对优化学校资源配置，建立科学、合理、高效的预算绩效管理模式，推进学校稳定、协调、快速发展具有重要意义。本书以《"双一流"建设成效评价办法（试行）》为指导，从全方位、全过程、全覆盖的角度出发，综合考虑投入和产出，从预算绩效管理流程、人才培养、科学研究、社会服务、文化传承与创新和国际交流合作六个维度构建了综合绩效评价指标体系，这既是本书的核心内容，也是主要创新点。

《全面预算绩效管理"高校模式"》的写作，是一个充满挑战与艰辛的过程。编写组成员们以高度的责任感和使命感，在总体设计、大纲讨论、资料搜集和修改完善的过程中投入了宝贵的时间和精力。本书见证了我们无数个日夜的奋斗，更见证了撰写过程中大家知识的积累与智慧的碰撞。

借此机会，向所有关心和支持本书顺利面世的各位同仁和良师益友们表示衷心的感谢和崇高的敬意。另外，书中如有不妥之处，敬请同行专家指正,以利于我们更好地进步。

愿我们共同携手,始终怀揣着对知识的渴望与向往,继续探索知识的浩瀚宇宙,不断追求真理与光明。愿这部专著能够为高校预算管理领域带来新的启示与思考,为推动高等教育事业的持续发展贡献一份力量。

邰　源

2024 年 11 月 28 日于南京大学仙林校区